디카시와 철학

이상옥

1957년 경남 고성 출생
1989년 월간《시문학》등단
시집 『하늘 저울』, 디카시집 『고성 가도』 등
시이론서 『시창작입문』, 『디카시창작입문』 등
유심작품상, 편운문학상 등 수상
현재 창신대학교 명예교수, 경남정보대학교 특임교수
베트남 메콩대학교 동양학부 Language Advisor

E-mail_oklee3@hanmail.net

디카시와 철학
Dicapoem and Philosophy

이상옥 지음

창연

책을 펴내며

『디카시와 철학』은 디카시와 철학의 접점을 탐구하는 과정에서 인간적 사유와 인공지능의 응답이 서로를 비추며 이뤄진 공동 사유의 기록이다. 오픈 AI가 개발한 인공지능 언어모델인 ChatGPT(GPT-5)는 단순한 도구를 넘어 새로운 관점을 던지는 대화자였다. 이 책이 공동 사유(테크+휴먼)로 집필됐지만 휴먼인 저자가 기획자이자 최종 컨트롤 타워이다.

지난 6월 29일 ChatGPT를 깔고 바로 디카시 온라인 커뮤니티 다음 카페 〈디카시 마니아〉에 7월 29일까지 한 달간 「철학담론으로 구축하는 새로운 서정양식으로서의 디카시」라는 제목으로 연재를 했다. 이 연재는 디카시 담론에서는 전례가 없는 AI와 공동으로 사유하는 초유의 작업이었다. ChatGPT와 대화하며 먼저 디카시 관련 핵심 정보를 제공하고 ChatGPT가 디카시를 제대로 알도록 딥러닝시켰다. ChatGPT가 디카시 관련 정보를 잘못 학습해서 오독하고 있는 부분도 바로잡아야 하는 지난하고 번거로운 일이지만 새로운 경험이라 무엇보다 재미있고 또 신기했다.

ChatGPT가 오해하고 있는 가장 우려스러운 것이 디카시의 핵심 개념인 '시적 충동', '시적 감흥', '시적 형상', '날시'라는 용어들이었다.

국립국어원 우리말샘에서는 디카시를 문학용어(명사)로 "디지털카메라로 자연이나 사물에서 시적 형상을 포착하여 찍은 영상과 함께 문자로 표현한 시. 실시간으로 소통하는 디지털 시대의 새로운 문학 장르로, 언어 예술이라는 기존 시의 범주를 확장하여 영상과 문자를 하나의 텍스트로 결합한 멀티 언어 예술이다."라고 정의하고, 〈경향신문〉(2007년 5월) 기사에서 발췌한 "시인의 상상력에 의해 예술적으로 재구성, 혹은 변용되기 이전에 존재하는 시의 형상을 가리켜 날시(raw poem)라고 하면서 관념이나 언어 이전의 '날시'를 순수 직관의 디지털카메라로 찍어 문자로 재현하는 방법을 디카시라고 명명한다."를 예시문으로 제시하고 있다.

　〈경향신문〉 2007년도 기사인데도 디카시의 날시 개념을 정확하게 표현하고 있는 것만 봐도 디카시의 정체성이 디카시 문예운동 초창기부터 견고하게 구축됐음을 알 수 있다. 날시는 시인으로 하여금 시적 충동이나 시적 감흥을 느끼게 하는 자연이나 사물에서 포착한 시적 형상을 말한다. 따라서 시인이 시적 충동 혹은 감흥을 느낀 대상인 시적 형상으로서의 날시는 시적 충동과 엄밀하게 구분돼야 하는 것이다. 시적 충동, 시적 감흥, 시적 형상을 같은 개념으로 날시라고들 인식하는데, 이건 바로잡혀야 한다. 시적 충동과 날시는 한 몸처럼 동시에 드러나는 것이기에 구분하기가 쉽지 않지만 시인이 시적 충동으로 디지털카메라를 들이대는 대상은 시적 형상인 날시인 것이다. 날시에서 유발되는 시적 충동과 시적 감흥은 같은 개념으로 봐도 좋다. 국립국어원 우리말샘의 "디지털카메라로 자연이나 사물에서 시적 형상을 포착하여"라고 표기된 것은 "디지털카메라로 '날시'를 찍어"라는 뜻이다.

이런 미묘한 문제 하나도 ChatGPT에게 그 개념을 정확하게 설명하고 바로잡아 가며 철학담론을 원용한 디카시론화 작업은 매우 지난하면서도 민감한 문제가 되지 않을 수 없었다. 이런 가운데 막상 연재를 끝내고 찬찬히 살펴보니까 부실하고 오류도 많아서 태산명동서일필로 끝난 것처럼 보여 적지 않은 충격을 받았다. 공개적으로 ChatGPT를 조수로 디카시론서를 출간할 것이라고 공언한 터여서 더욱 난감하게 됐다. 그럼에도 불구하고 첫술에 배부르지는 않는 법이라고 생각하고 우선 첫걸음이라도 떼기는 해야 하지 않겠느냐는 심정으로 마음을 다잡고 수정 보완 작업을 거쳐서 단행본으로 묶기로 했다.

누구를 만나느냐에 따라 인생이 바뀐다. 문덕수 선생을 만나 시인이 되고 교수가 되었다. 근자 ChatGPT를 만나서는 테크휴먼이 되는 것 같다.

시인들은 시가 언어예술이지만 언어의 불완전성 때문에 언어를 넘어서고자 하는 시도를 동서고금을 막론하고 멈춘 적이 없었다. 동양의 시서화도 그렇고 서양의 형태시나 구체시도 같은 맥락이다. 1950년대 베르톨트 브레히트는 신문이나 잡지의 사진을 올려 4행시를 써서 사진시집 『전쟁교본』을 펴내기도 했다. 브레히트 이후 사진을 대상으로 시를 쓰기도 하고, 완성된 시에 사진을 엮기도 했다. 하지만 이런 시도들은 여전히 시는 언어예술이라는 시적 전통을 넘어서지는 못했다. 브레히트의 경우도 사진은 시의 매개였고 도구였다. 아니면 시는 사진의 주석이었다. 여전히 대중들은 언어예술의 카테고리 속에서만 시를 수용했다.

창신대 문창과 교수로 재직 중이던 2004년 4월 2일 디지털 한국문학도서관 연재코너에 디지털카메라의 디카와 시를 합성해 혼종어인 디카시라는 신조어를 만들어, 창신대 캠퍼스 야경을 찍고 쓴 첫 작품 「봄밤」

탑재를 시작으로 6월까지 2달간 50편의 디카시를 발표하고, 동년 9월에 최초의 디카시집 『고성 가도固城 街道』를 출간했다. 그러면서 고성을 중심으로 디카시 지역문예운동이 펼쳐져 디카시는 디지털 시대의 새로운 서정양식으로 오늘에 이르고 있다.

앞의 디카시 정의에서처럼 디카시는 시인이 자연이나 사물에서 시적 충동으로 포착한 시적 형상인 날시를 스마트폰 내장 디카로 찍고 5행 이내로 짧게 언술해서 사진기호와 문자기호를 하나의 텍스트로 SNS를 활용 실시간 소통하는 극순간 멀티언어예술이다. 디카시는 디지털 환경 자체를 시쓰기의 도구로써 시대정신(Zeitgeist)을 반영하며 순간포착, 순간언술, 순간소통하는 디지털 시대 최적화된 새로운 서정양식이다.

디카시 창작 작업과 함께 디카시론화 작업에 착수했고, 그것은 곧 문학계 안팎의 관심과 논쟁을 불러일으켰다. 이 새로운 양식은 단지 실험적 시도를 넘어 언어예술의 지평을 넓히는 필연적인 시의 진화였다.

디카시와 함께한 지난 21년간은 나에게는 전쟁이었다. 디카시의 자리는 문자제국과 디지털제국이 충돌하는 현장이었다. 전통적인 활자 중심의 문학세계에서 종종 디카시는 낯선 변종으로 취급당했다. 그럼에도 불구하고 디지털 시대가 새롭게 열어가는 패러다임 속에서 디카시는 스스로의 존재 이유를 찾아갔다. 이 책은 2007년 『디카詩를 말한다』, 2010년 『앙코르 디카시』, 2017년 『디카시창작입문』에 이어 출간하는 4번째 디카시론서이다. 『디카시창작입문』 출간으로 디카시의 이론적 정체성을 확보했다고 할 수 있지만 디카시론을 더 넓히고 심화시켜야 할 필요성은 여전히 남아 있었다.

인간과 세계에 대해 시적으로, 철학적으로 모색하는 디카시와 철학이

추구하는 바는 동일하다. 따라서 나는 시인이 포착한 시적 형상인 날시가 사진기호와 문자기호라는 이중의 기호체계로 발현되는 디카시 창작 과정과 서양철학사에서 전개되어 온 진리·존재·언어·욕망 등에 관한 근본적인 물음들을 접속시킴으로써 더욱 단단한 디카시론의 길을 구축할 수 있었다. 고대에서 동시대에 이르기까지 주요 철학자들의 사유를 디카시론화하며 가장 먼저 직면한 문제는 바로 담론간의 불가피한 충돌이다. 플라톤의 이데아론은 디카시의 사진기호와 문자기호를 진리의 모상으로 해석하게 하고, 아리스토텔레스의 미메시스론은 인간 감정의 재현과 카타르시스로 이해하게 한다. 하이데거는 디카시 속에서 세계-내-존재의 진리가 열림을 찾을 것이며, 라캉은 날시의 시적 충동을 실재계의 틈새로 규정할 것이다. 이처럼 각 철학의 틀은 서로 다른 시각과 해석을 불러일으키지만, 디카시는 어느 한 철학으로 환원되지 않고 오히려 그 다채로움을 고스란히 품는다.

본서에서는 철학담론을 원용하는 방식으로 "플라톤적 디카시", "아리스토텔레스적 디카시" 등의 용어를 사용함으로써 디카시가 개방성과 다성성, 확장성을 드러내는 서정양식임을 보여주고자 했다.

바로 이 점에서 디카시론화의 의의가 드러난다. 창작자나 비평가는 하나의 시선에 갇히지 않고, 때로는 플라톤적 관점에서, 때로는 아리스토텔레스적 관점에서, 혹은 바르트나 들뢰즈, 하이데거나 라캉의 관점에서 작품을 새롭게 창작하고 비평할 수 있다. 그렇게 함으로써 이 책은 단일한 루틴의 창작이나 해석의 강제에서 벗어나 플라톤에서 지젝까지 무려 스물두 가지 철학담론의 다채로운 창을 열어젖힌다. 충돌은 해소되어야 할 문제가 아니라, 오히려 서로 다른 철학들이 비추는 빛을 겹겹

이 받아들여 창작과 비평의 지평을 무한대로 확장하는 계기가 된다.

  이 책은 철학의 시대성과 유파를 고려하여 다섯 개의 섹션으로 나누어 구성했다. '기원과 형상', '주체와 인식', '존재론과 인식', '언어와 욕망', 그리고 '생성과 관계'의 철학까지, 사유의 흐름을 따라가며 디카시와의 접점을 짚어 나간다. 철학은 종종 추상적이고 난해한 언어 속에 머물러왔으나, 디카시는 그것을 사진과 문자라는 구체적이고 감각적인 기호로 끌어내어 삶의 현장에서 재사유하게 만든다. 이는 철학과 문학, 학문과 예술의 경계를 허물고, 사유와 감각, 언어와 이미지의 공존을 통해 지식 생산의 새로운 양식을 실험하는 일이다.

  이 책이 디카시 창작과 연구의 새로운 길잡이가 되기를 바라며, 더불어 철학이 어떻게 예술적 형식 속에서 다시 호흡할 수 있는지를 보여주는 작은 증거가 되기를 기대한다.

2025년 가을
한국디카시연구소 별관 '시움'에서
이상옥

LEE SANG OK THEORY 이상옥 디카시론집
디카시와 철학
CONTENTS

책을 펴내며 … 004

1부 기원과 형상
Ⅰ. 디카시와 플라톤
  1. 플라톤의 이데아론 … 015
  2. 날시는 디카시의 이데아다 - 시적 실재의 원형 … 016
  3. 결핍과 환유의 매혹 … 021
Ⅱ. 디카시와 아리스토텔레스
  1. 아리스토텔레스의 미메시스 … 023
  2. 이중적 미메시스 … 024
  3. 멀티언어적 재현성과 창조적 의미 생성 … 030
Ⅲ. 디카시와 토마스 아퀴나스
  1. 아퀴나스의 신앙과 이성 … 031
  2. 감각과 언어, 계시와 해석의 상호 조응 … 033
  3. 시적 신학의 사건 … 037

2부 주체와 인식
Ⅰ. 디카시와 르네 데카르트
  1. 코기토(Cogito)와 주체 인식 … 041
  2. 날시 포착과 사유의 자각, 그리고 감각에서 사유로의 기호화 과정 … 042
  3. 자기 존재의 예술적 확증 … 047
Ⅱ. 디카시와 임마누엘 칸트
  1. 어떻게 확실한 지식을 얻는가 … 048
  2. 물자체와 숭고의 창작심리 … 051
  3. 감각의 좌절과 이성의 개입 … 058

3부 존재론과 실존
Ⅰ. 디카시와 마르틴 하이데거
  1. 너는 어떻게 존재하고 있는가 … 063
  2. 알레테이아와 에어아이그니스의 기호적 실현 … 064
  3. 존재의 드러남과 만남 … 069

Ⅱ. 디카시와 모리스 메를로퐁티
  1. 몸의 철학자 메를로퐁티   070
  2. 몸의 감각적 선지각에서 시적 외화로   071
  3. 감각철학적 예술   076

Ⅲ. 디카시와 장폴 사르트르
  1. 사르트르의 실존적 자유의 실천   077
  2. 날시와의 조우로 실현되는 실존적 행위   079
  3. 자기 존재의 창조적 증명   083

Ⅳ. 디카시와 게오르그 빌헬름 프리드리히 헤겔
  1. 헤겔 변증법의 구조   085
  2. 의미 생성의 변증 구조   087
  3. SNS 상호작용과 절대정신의 구체화   092

4부 욕망과 언어

Ⅰ. 디카시와 지그문트 프로이트
  1. 무의식적 욕망의 존재   095
  2. 디지털 언어로 양식화한 승화 구조   096
  3. 리비도의 탈출구   102

Ⅱ. 디카시와 페르디낭 드 소쉬르
  1. 의미는 기호의 차이적 관계 속에서 성립한다   104
  2. 소쉬르의 기호이론의 구현   105
  3. 화학적 기호 결합의 예술   110

Ⅲ. 디카시와 자크 라캉
  1. 실재를 향한 열망   112
  2. 라캉의 욕망 메커니즘   115
  3. 실재계의 상처를 이미지와 언어로 꿰매려는 시적 시도   120

Ⅳ. 디카시와 롤랑 바르트
  1. 저자는 죽었다   121
  2. 바르트적 텍스트론의 현실화   122
  3. 다성적 의미의 장   128

Ⅴ. 디카시와 들뢰즈-가타리
  1. 새로운 가능성 생산의 들뢰즈-가타리 철학   130
  2. 탈영토화와 욕망하는 기계   132
  3. 디지털 시대의 서정적 유목   137

Ⅵ. 디카시와 미셸 푸코
    1. 권력과 지식의 상호작용으로서의 푸코 담론   138
    2. 시의 담론 권력으로서의 과거와 현재   139
    3. 새로운 시 쓰기의 역사   146

Ⅶ. 디카시와 자크 데리다
    1. 데리다의 해체 사유   148
    2. 다중기호성과 해체구조   150
    3. 해체적 감흥의 공간   156

Ⅷ. 디카시와 발터 벤야민
    1. 기술복제 시대의 예술   157
    2. 인간-기술-언어의 복합적 창작   159
    3. 감각적 아우라의 복원   164

Ⅸ. 디카시와 장 보드리야르
    1. 보드리야르의 시뮬라크르   166
    2. 디카시의 하이퍼리얼리티   167
    3. 예술의 자율성과 표현의 확장성   173

5부 생성과 관계

Ⅰ. 디카시와 질베르 시몽동
    1. 시몽동의 개체화·공진화   177
    2. 전개체적 에너지로서의 시적 충동과 개체화 과정   178
    3. 기술-인간-예술의 상호적 창발   183

Ⅱ. 디카시와 미셸 세르
    1. 세르의 생성 철학   184
    2. 복합성과 생성의 역동, 그 예술적 형식   186
    3. 감각, 노이즈, 중계   190

Ⅲ. 디카시와 한스 게오르그 가다머
    1. 가다머의 해석학   192
    2. 공동 창작적 예술 형식   193
    3. 능동적 주체로서의 독자   199

Ⅳ. 디카시와 슬라보예 지젝
    1. 지젝의 철학적 도전   201
    2. 이데올로기적 구조화와 균열의 틈새   202
    3. 실재에 직면하는 이데올로기 비판   207

참고문헌   208

1부 기원과 형상

　기원과 형상은 예술과 사유를 이해하는 가장 오래된 철학적 토대다. 플라톤은 이데아를 예술의 근원으로 두며 예술을 모방으로 규정했고, 아리스토텔레스는 형상과 질료의 결합 속에서 모방이 지닌 인식적·정화적 가치를 밝혔으며, 토마스 아퀴나스는 신적 질서와 조화를 바탕으로 예술의 존재 이유를 설명하였다. 이들의 사유는 디카시 창작에서 날시가 근원적 시적 충동으로 떠오르고, 사진기호와 문자기호가 그것을 형상화하며 모방과 환유의 방식으로 드러난다는 점과 깊이 맞닿는다. 따라서 이들은 기원과 형상의 문제를 통해 디카시 창작과정을 성찰할 수 있게 한다.

Ⅰ. 디카시와 플라톤

1. 플라톤의 이데아론

플라톤의 이데아론은 서양 형이상학의 첫 장을 열었다고 해도 과언이 아니다. 그는 우리가 감각으로 접하는 세계가 끊임없이 변화하고 불완전하다는 사실에서 출발했다. 눈앞의 꽃은 시들고, 건물은 무너지고, 인간은 늙어간다. 그러나 이러한 변화의 뒤편에는, 결코 변하지 않고 완전하며 영원한 실재가 존재한다고 그는 보았다. 그것이 바로 이데아다. 이데아는 감각의 눈이 아니라, 오직 이성의 눈으로만 볼 수 있는 세계에 속한다.

이데아론은 단순한 형이상학적 가설이 아니라, 인식론·윤리학·정치철학을 관통하는 핵심 원리이다. 우리가 어떤 사물이나 개념을 아름답다거나 정의롭다고 말할 수 있는 이유는, 그 배후에 '아름다움 자체', '정의 그 자체'라는 완전한 형상이 존재하기 때문이다. 이렇게 플라톤은 변하는 세계와 변하지 않는 세계를 구분함으로써, 진리의 기준을 감각이 아니라 이성에 두었다.

플라톤은 동굴의 비유를 통해 이데아 개념을 설명한다. 사람들이 동굴 안에 갇혀 밖에서 비추는 불빛에 의해 벽에 드리운 그림자만 보고 있다고 가정한다. 그 그림자는 진짜 사물의 실체가 아닌 모사이다. 현실 세계에서 보고 있는 것은 이데아(실재)의 그림자일 뿐이다. 진리와 실재는 감각이 아닌 이성을 통해 인식해야만 도달할 수 있다고 본다.

철학사적으로 이데아론의 의의는 세 가지로 정리된다. 첫째, 존재의 위계를 설정함으로써 형이상학의 지평을 열었다. 플라톤은 감각적 사물보다 더 높은 차원의 실재를 상정함으로써, 세계를 다층적 구조로 이해하는 틀을 제시했다. 둘째, 보편 개념의 존재론적 기반을 마련했다. 이는 이후 아리스토텔레스, 중세 스콜라 철학, 근대 합리주의에 이르기까지 서양 사유의 골격을 형성했다. 셋째, 윤리적 정치적 규범의 절대성을 보장했다. 변하지 않는 선의 이데아는 인간의 도덕과 사회 질서를 정당화하는 초월적 근거가 되었다.

플라톤의 이데아론은 단순히 '형상은 감각 너머에 있다'라는 명제가 아니라, 서양 철학이 진리를 찾는 방식과 인간이 세계를 이해하는 틀을 근본적으로 규정한 사유였다.

2. 날시는 디카시의 이데아다 - 시적 실재의 원형

디카시의 탄생은 언제나 한순간의 번쩍임에서 시작된다. 플라톤적 디카시 역시 그렇다. 눈앞의 풍경, 스쳐가는 장면이 아직 이미지로도 언어로도 고정되지 않은 채 우리 안에서 미묘하게 진동한다. 이 진동은 바로 디카시에서 시적 충동의 원천인 '날시'에서 기인한다. 날시는 아직 시가 되기 전, 그러나 이미 시를 향해 가고 있는 에너지이며, 사진기호나 언어 이전의 시적 형상이다.

플라톤이 말한 이데아처럼, 날시는 개별 디카시 작품의 뒤편에 놓인 원형이다. 우리가 감각하는 꽃 한 송이나, 바람 부는 강가, 혹은 낯선 사람의 표정 속에도 날시는 깃든다. 하지만 그것은 플라톤적 디카시 작품이 완성된 순간에도 온전히 포착되지 않는다. 날시는 변하지 않는 창작의 본질이고, 작품은 그 불완전한 그림자일 뿐이다.

이러한 불완전성은 오히려 시를 쓰게 만드는 힘이 된다. 시인은 날시를 완벽히 붙잡을 수 없다는 것을 알면서도, 그 원형을 향해 나아간다. 이 과정에서 날시는 창작의 규범이자 지향점이 된다. 그것은 모든 디카시가 궁극적으로 도달하고자 하는, 그러나 결코 완전히 도달할 수 없는 시적 진실이다.

날시는 디카시의 이데아다. 변하는 이미지와 언어 뒤에 숨은 변치 않는 본질, 모든 창작의 출발이자 종착점. 시인은 카메라와 펜을 들고 그 본질의 빛을 쫓는다. 그리고 그 쫓음의 흔적 속에서, 날시라는 영원한 원형의 반짝임을 잠시나마 목격하게 된다.

플라톤이 예술을 이데아의 이중 모방이라고 본 것처럼, 플라톤적 디카시 역시 날시라는 시적 이데아를 시인의 감각과 언어를 통해 복제한 이차적 이미지이다.

사진기호는 날시의 시각적 잔상이다. 이는 플라톤이 말한 '감각세계의 이미지'처럼 날시의 외피를 디지털 장치로 포착한 시각적 재현이다.

문자기호는 날시를 언어로 환유한 것이다. 하지만 이 언어 역시 날시의 진정한 실체를 완전히 담아낼 수 없다. 디카시는 날시라는 시적 실재의 그림자, 모방된 이미지, 즉 이데아의 흔적이다.

디카시는 날시라는 실재를 하나의 언어로 환원하지 않는다. 사진기호와 문자기호의 멀티언어적 접합을 통해 시적 이데아에 다가가려는 예술적 추적 행위이다. 이는 플라톤이 말한 '이데아를 향한 회상(anamnesis)'과도 상응한다. 플라톤은 우리가 세계를 살며 배우는 모든 것이 사실은 새롭게 습득하는 것이 아니라, 이미 영혼이 오래전에 알고 있었던 진리를 다시금 떠올리는 과정이라고 보았다. 영혼은 본래 이데아의 세계에서 순수하고 완전한 형상들을 직접 접한 존재였다. 그러나 육체라는 감옥 속으로 들어온 순간, 영혼은 그 기억을 망각하고 어둠 속에 갇히게 된다. 감각세계에서 아름다운 꽃을 보거나 정의로운 행동을 목격할 때 느끼는 전율은, 바로 그 망각 속에 잠든 기억이 흔들리며 깨어나는 순간이다. 이 사유는 디카시 창작에서의 날시 개념과 깊이 맞닿는다.

날시는 단순한 순간적 영감의 단초가 아니다. 그것은 영혼이 감각적 자극을 계기로, 망각 속에 묻혀 있던 '시적인 본향'을 불러내는 작동이다. 플라톤적 디카시는 이렇게 영혼의 기억이 회상되는 자리에 태어나며, 창작은 곧 영혼이 본래 알고 있던 세계를 다시 길어 올리는 행위가 된다. 날시가 영혼의 회상처럼 작동한다는 것은, 디카시가 우발적인 기록이 아니라 영혼의 근원적 기억을 향한 귀향이라는 점을 말해주는 것이다.

디카시는 단순한 사진과 시의 결합이 아니다. 그것은 시적 충동의 대상으로서 날시(시적 이데아)의 사진기호와 문자기호라는 멀티언어로 포착한 예술적 구조이다. 날시는 절대적으로 직접 표현될 수 없는 시적 실재이자 창작의 원천이며, 플라톤적 디카시는 그 날시가 이 세계에 흔적으로 남긴 하나의 복합 기호체계인 것이다.

마음이 뻗어간 자리
보일 때가 있다
눈에 들어오는 순간,
잠깐 이 세상에 함께 머물며 나누는
그 시리고 먹먹한 느낌

– 양애경 디카시 「마음의 길」

  이 작품에서 하늘을 배경으로 겨울 가지들이 검은 선으로 뻗어 있는 풍경은 단순한 자연의 장면을 넘어, 순간적으로 시인의 마음을 건드린 형상이다. 바로 그때의 감응을 유발하는 대상이 날시라 할 수 있다. 플라톤의 이데아론에 비추어본다면 날시는 눈에 보이는 가지나 하늘을 매개로 다가온 시적 이데아다. 그것은 아직 형태를 갖추지 않았으나, 감각적 사물의 그림자를 통해 드러나기를 기다리는 원형적 떨림을 가져온다.

  날시가 시인의 마음을 건드린 순간, 카메라 셔터를 눌러 가지와 하늘을 포착한다. 이때 사진은 감각세계 속에서 이데아가 던진 그림자와 같다. 가지와 하늘은 누구에게나 열려 있는 구체적 사물이지만, 시적 충동을 느낀 시인에게 그것은 단순한 사물이 아니라 이데아를 가리키는 징표로 작용한다. 사진기호는 바로 이 감각의 자리에서 시적 이데아를 붙잡아두는 첫 번째 예술 행위라 할 수 있다.

  그러나 여기서 창작은 멈추지 않는다. 시인은 사진에 덧붙여 언어를 더한다. "마음이 뻗어 간 자리/ 보일 때가 있다/ 눈에 들어오는 순간,/ 잠깐 이 세상에 함께 머물며 나누는/ 그 시리고 먹먹한 느낌"이라는 언술은 사진이 가리킨 감각적 사물을 언어로 번역한 것이다. 플라톤 식으로 말하면 이는 예술적 모방의 차원에 해당한다. 그러나 단순히 모방에 머물지 않고, 감각을 넘어선 시적 충동을 언어 속에 다시 불러내어 공유하려는 행위다. 문자기호는 사진기호를 해석하는 동시에, 날시라는 시적 이데아를 표상한다. 이 작품은 마음의 빈자리에서 불현듯 솟아나는 형상 회상과 세계와의 합일감을 보여준다. 그것은 시적 충동의 날시가 이데아를 회상하게 하는 순간이며, 사진과 언어라는 매개를 통해 "그 시리고 먹먹한 느낌"으로 체현된다.

이 과정을 종합해 보면, 플라톤적 디카시 창작은 시적 이데아에서 감각세계로, 감각세계에서 예술 모방으로 이어지는 길과도 같다. 날시는 시적 이데아로서 출발점이고, 사진은 그 이데아가 그림자처럼 감각 속에 드러난 자리이며, 언술은 그 이데아를 다시금 형상화한 예술적 행위이다.

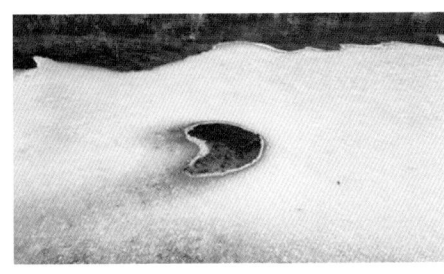

그럼에도,
풀빛이 보이죠?

그러므로,
심장이 뛰죠?

- 조명 디카시 「쿵쿵소의 봄」

이 작품에서 눈 덮인 호수의 한가운데 움푹한 구멍 속의 풀빛은 단순한 시각적 발견이 아니라, 시인에게 불현듯 찾아온 형상에 대한 직관, 곧 시적 이데아로서의 충동을 유발하는 날시로 포착된 것이다. 이 순간은 아직 기호화되지 않은 원초적 시적 에너지이며, 플라톤이 말한 형상계에 닿아 있는 세계이다.

시인은 스마트폰 내장 디카로 찍는다. 사진기호는 얼어붙은 현실의 호수라는 감각세계 속 사물을 보여준다. 플라톤의 이데아론에 따르면 이는 이미 원형에서 한 단계 멀어진 모방이다. 사진은 눈 속의 풀빛을 사실적으로 담아내지만, 그 자체는 이데아의 그림자에 해당한다.

이어지는 "그럼에도,/ 풀빛 보이죠?// 그러므로,/ 심장이 뛰죠?"라는 문자기호는 언어로 해석하는 모방적 행위이다. 사진이 감각세계의 사물이라면, 언어는 그 사물을 모방하는 두 번째 차원의 모방이다. 문자기호는 단순히 보이는 사실을 재현하는 것이 아니라, 거기에 심장이 뛴다는 정서적 고백을 덧붙여 해석한다. 그러나 이 역시 이데아로서의 날시에서 두 겹 멀어진 모방에 불과하다.

따라서 구현된 이 디카시는 날시라는 시적 이데아를 직접 드러내는 것이 아니라, 그것을 환유하는 데 머문다. 풀빛과 심장의 두근거림은 봄의 본질, 생명의 기운이라는 이데아를 직접 제시하지 않고, 그 흔적과 비유로만 암시한다. 디카시 창작과정은 날시에서 출발했지만, 최종적으로 독자에게 도달하는 작품은 이데아를 직접 드러내지 못한 채 그 여운을 환유하는 기호적 구조로 완성된다.

3. 결핍과 환유의 매혹

플라톤은 모든 감각세계의 사물들이 참된 실재가 아니며, 단지 이데아의 그림자에 불과하다고 말한다. 우리가 눈으로 보는 자연이나 사물은 그 자체로 순수 이데아를 직접 드러내지 못한다. 그저 부분적이고 일시적인 모사일 뿐이다.

플라톤적 디카시는 시적 이데아로부터 충동을 느낄 때 사진기호로 자연이나 사물의 외피를 포착하고, 언어로 그 장면에 의미를 부여하지만, 그것이 곧 존재의 본질을 보여주는 것은 아니다. 시적 이데아는 결코 사진과 문자 속에서 완전히 드러날 수 없다. 플라톤적 디카시는 언제나 시적 이데아를 직접적으로 보여주지 못한 채, 그것을 우회하고 환유하는 방식으로 다가간다.

그런데 바로 이 한계가 디카시의 매혹을 낳는다. 만약 플라톤적 디카시가 본질을 완전히 드러낼 수 있다면, 더 이상 그 작품 앞에서 사유하거나 감응할 필요가 없을 것이다. 플라톤적 디카시는 언제나 결핍의 예술로 남는다. 사진 속 장면은 무언가를 말하는 듯하지만 다 말하지 못하고, 짧은 시적 언술은 세계의 비밀을 암시하지만 결코 전부를 열어젖히지 않는다. 독자는 그 틈새에서 스스로 상상하고 기억을 불러내며, 마침내 자기만의 이데아를 더듬어 간다.

플라톤적 디카시의 힘은 본질을 직접 보여주지 못하는 데 있다. 그것은 늘 환유적 흔적만을 남기며, 이 흔적을 따라 보이지 않는 시적 이데아에 다가선다. 역설적으로 이 불완전함이야말로 본질적 매혹이다.

Ⅱ. 디카시와 아리스토텔레스

1. 아리스토텔레스의 미메시스

아리스토텔레스 철학에서 모든 존재는 질료와 형상의 결합으로 이루어진다. 질료는 '무엇이 될 수 있는 가능성'을 지닌 물질적 기반이며, 형상은 그 사물이 무엇인지 규정하는 본질과 목적이다. 예를 들어, 대리석은 조각상의 질료이고, 그 속에 새겨진 아름다운 인간이 바로 형상이다. 질료는 잠재성이고, 형상은 실현된 가능성이다.

이 틀에서 아리스토텔레스는 미메시스를 재해석한다. 플라톤이 미메시스를 '이데아의 그림자'로 본 반면, 아리스토텔레스에게 미메시스는 단순 복제가 아니라, 질료 속에서 형상을 찾아내어 새로운 질서로 재구성하는 창조 행위다. 예술가는 눈앞의 구체적 사건과 사물(질료)을 그대로 베끼지 않는다. 그 속에서 보편적 진리와 본질(형상)을 포착해 작품 안에 구현한다. 따라서 시인은 현실의 단편을 묘사하는 데 그치지 않고, 현실을 통해 보편성을 드러내는 형상적 재현을 하는 사람이다.

아리스토텔레스는 이러한 미메시스의 궁극적 효과를 카타르시스로 설명한다. 특히 비극에서, 관객은 두려움과 연민의 감정을 안전한 거리에서 경험하며, 그 감정이 정화되고 정신이 균형을 되찾는다. 이 과정은 단순한 감정 해소가 아니라, 인간의 행위와 운명, 도덕적 질서에 대한 통찰을 동반한다. 다시 말해, 미메시스가 형상을 드러내고, 그 형상은 관객의 내면에서 정서적·지적 변화를 이끌어 카타르시스에 이른다.

아리스토텔레스의 예술론은 형상과 질료의 결합에서 형상적 미메시스로, 그리고 카타르시스라는 흐름으로 이어진다. 질료 없는 형상은 공허하고, 형상 없는 질료는 무의미하다. 예술은 이 둘을 결합해 인간 보편의 진리를 재현하고, 감정과 이성을 동시에 울리는 경험을 선사한다.

그래서 그의 미메시스론은 단순한 '모방'을 넘어, 형상을 통해 진리에 다가가게 하는 적극적이고 창조적인 인식 행위가 된다.

21세기 디지털 시대에 등장한 디카시는 스마트폰의 내장 디카로 자연이나 사물에서 발생하는 순간적 시적 형상(날시)을 포착하고, 짧은 시적 언술로 표현해 사진기호와 문자기호로 이루어진 멀티텍스트를 창조하는 새로운 장르이다.

기존의 문자시는 언어만으로 세계를 재현했지만, 디카시는 사진과 문자라는 이질적 기호체계의 결합을 통해 감각적이고 입체적인 의미구조를 형성한다. 이런 점에서 디카시를 아리스토텔레스의 미메시스론과 접목할 수 있다.

2. 이중적 미메시스

아리스토텔레스적 디카시는 시적 충동을 유발하는 '날시'를 포착하는 데서 시작한다. 그것은 시인이 세계를 감각적으로 지각하는 동시에 그 속에 깃든 형상을 직관적으로 붙잡는 것이다. 날시는 사진기호와 문자기호로 가시화되기 이전, 세계와 시인의 감각이 직접 맞닿는 원초적 지점이다.

아리스토텔레스는 인간이 태생적으로 미메시스, 즉 모방하려는 본성을 지닌다고 보았다. 그러나 그의 모방은 플라톤처럼 결핍된 그림자의 재현이 아니다. 오히려 세계의 본질을 탐구하고 재구성하는 창조 행위다. 날시는 바로 이 미메시스의 발화점이다. 시인은 풍경, 사물, 사건 속에서 단순한 외형이 아니라 그 안의 의미를 포착한다. 이때의 포착은 의식적 분석이 아니라, 마치 빛이 감광판에 스며들듯 감각과 직관이 동시에 작동하는 사건이다.

형상과 질료의 이론으로 본다면, 날시는 질료 속에서 형상을 직감하는 찰나에 드러나는 시적 형상에 해당한다. 질료는 시인의 눈앞에 놓인 감각적 세계이고, 형상은 그 속에서 드러나는 본질적 구조다. 날시는 이 둘이 결합하여 작품이라는 완성물로 형상화되기 전, 시인의 내부에서 번개처럼 전율을 일으키는 시적 대상이다. 시적 충동을 일으키는 날시야말로 디카시 창작의 원형이자, 모든 표현의 씨앗이다.

또한 아리스토텔레스가 말한 카타르시스는 감정의 정화와 균형 회복을 의미한다. 날시는 아직 카타르시스가 발현되기 전의, 그러나 그 가능성을 품은 상태다. 시인은 날시를 통해 자신의 내면에 미묘하게 일렁이는 감정과 사유를 발견하고, 이를 사진과 언어로 풀어낼 때 독자와 관객에게 카타르시스의 문을 연다.

아리스토텔레스적 디카시의 날시는, 미메시스의 기점이자 형상과 질료의 결합을 예고하는 징후이며, 카타르시스의 잠재적 씨앗이다. 따라서 날시의 포착은 디카시가 탄생하는 순간 이전에, 이미 세계와 시인의 감각이 서로를 찾아 손을 내미는, 보이지 않는 첫 악수다. 이 악수 없이는 어떤 사진기호도, 어떤 문자기호도, 디카시라는 형상 속으로 완성될 수 없다.

아리스토텔레스적 디카시의 날시가 사진기호와 문자기호로 표현되는 과정은, 세계와 시인의 감각이 맺는 원초적 만남이 형상과 질료의 결합을 거쳐 작품이라는 형상화로 완성되는 여정이다.

사진기호의 생성은 이 날시가 첫 번째 형상화를 거치는 과정이다. 시인은 감각과 직관으로 포착한 형상을 스마트폰 내장 디카로 찍으면서 구체화한다. 그러나 여기서 사진은 단순한 기록물이 아니다. 그것은 시인이 날시를 통해 포착한 형상의 시각적 번역이며, 질료 속 형상을 첫 매개물로 옮겨 놓은 시각적 형상화다. 이 단계에서 질료는 여전히 세계의 구체적 모습이지만, 이미 시인의 의식이 개입된 선택된 질료다.

문자기호로의 전환은 두 번째 형상화 과정이다. 시인은 사진기호가 가시화한 형상을 다시 언어로 재구성한다. 이때의 언어는 사진을 설명하거나 환원하는 것이 아니라, 사진이 포착하지 못한 날시의 감각과 의미를 다른 기호 체계로 옮기는 작업이다. 아리스토텔레스의 관점에서 이는 질료와 형상이 다시 결합하는 또 하나의 미메시스다. 사진에서 언어로의 전환은 질료가 시각에서 언어적 질료로 변환되는 과정이며, 질료와 결합된 형상은 일반 문자시보다 더 강화된 미메시스로 날시의 핵심을 간직한 멀티텍스트로 재현된다.

오래된 꿈이여
호두나무 고사목이 된 오래된 꿈이여
날자꾸나 한 번만 더 날아보자꾸나

- 송찬호 디카시 「비상」

이 작품은 아리스토텔레스의 미메시스인 창조적 모방의 실례이다. 시인은 고사한 호두나무를 디카로 찍는 순간, 단순한 생태학적 현실이 아닌, 그 형상 안에서 날갯짓하는 새 혹은 꿈의 재도약이라는 시적 형상을 감지한다. 정확하게 말하면 이 날시가 디카를 들이대게 한 것이다. 이 시적 형상으로서의 날시 포착이야말로 아리스토텔레스가 말한 "보편적 감정의 인식"으로, 현실적 형상에 내면의 의미를 부여하는 창조적 행위이다.

디카시는 문자기호와 사진기호가 동시에 기능하는 복합기호 텍스트(multimodal text)이다. 이 작품에서 사진기호는 죽은 호두나무의 윗가지가 마치 날개를 펼쳐 하늘로 솟구치려는 형상을 취한다. 하늘과 대비된 어두운 나무의 질감은 생명력의 부재를 드러내지만, 동시에 형상적 역동성을 통해 꿈의 재시동 가능성을 암시한다. 문자기호 '오래된 꿈이여'는 단지 과거 회상이 아니라, 고사목과 결합될 때 그 상징적 실체성을 얻는다. 반복구 '날자꾸나'는 추억에 머무르지 않고 미래적 지향을 드러낸다. 이는 미메시스가 단지 과거를 재현하는 것이 아니라, 가능태의 현실을 상상하게 하는 아리스토텔레스의 철학과 일맥상통한다.

　기호 간 상호작용은 사진기호의 시각적 '죽음'과 문자기호의 '비상'이 긴장과 조화를 이루며 새로운 의미를 생성한다. 이로써 이 디카시는 '죽음(고사목)과 희망(비상)'이라는 양극단의 정서를 동시적 층위로 구성한다.

　이 작품은 아리스토텔레스의 미메시스론이 말하는 창조적 재현의 본질을 현대적으로 계승한 작품이다. 죽은 호두나무에서 시적 형상을 포착하고, 사진기호와 함께 문자기호로 재언술하며, 현실의 단순 복제를 넘어서 인간의 보편적 꿈과 희망의 형상을 창조한다.

무거운 쇳덩이를 드는 건
크레인이 아니라
시간이다

– 임창연 디카시 「시간의 힘」

　이 작품도 아리스토텔레스적 미메시스 개념을 충실히 구현한 작품이다. 시인의 시적 충동은 한 산업 현장에서 시작된다. 거대한 시계가 천장에 매달려 있고, 옆에는 무거운 쇳덩이를 들어 올리는 크레인 같은 게 부분적으로 드러난다. 대부분의 사람이라면 단순히 일하는 풍경으로 스쳐 지나갈 장면이지만, 시인의 눈에는 이 구도가 다른 차원의 시적 형상인 날시로 드러났다. 무게를 드는 진정한 힘은 기계의 강철 팔이 아니라, 시간이라는 비가시적 힘이라는 인식으로 떠오른 것이다. 아리스토텔레스가 말한 '형상'은 이렇게 감각적 경험 속에서 본질을 직관하는 순간에 드러난다. 현실의 구체적 장면은 질료이고, 그 장면 속에서 길어

올린 시간의 힘이라는 통찰이 형상이다.

　시인은 이 통찰로 포착한 날시를 먼저 사진으로 옮긴다. 카메라는 현실의 질료를 감각적으로 재현하며, 시계와 크레인이 같은 프레임 안에 놓인다. 이 사진은 단순한 기록이 아니라, 이미 시적 의미의 씨앗을 품은 1차 미메시스다. 왜냐하면 보는 이로 하여금 '시간'과 '힘'의 관계를 은연중에 연상하게 만들기 때문이다. 하지만 이 단계에서는 아직 의미가 완전히 드러나지 않은 채, 보는 이에게 해석 가능성만 열려 있다.

　다음으로 시인은 이 시적 충동을 문자기호로 옮긴다. "무거운 쇳덩이를 드는 건/ 크레인이 아니라/ 시간이다" 이 언어적 재현은 사진 속에 내재된 의미를 추출해 보편적 차원의 진술로 변환한다. 아리스토텔레스의 말대로, 시는 개별적인 사건이 아니라 '일어날 수 있는 일', 즉 보편적 진리를 드러내는 작업이다. 여기서 시간은 단지 공장 시계의 시간이 아니라, 인간과 사물, 세계를 움직이고 변화시키는 근원적 힘을 가리킨다. 이렇게 문자기호의 2차 미메시스를 거치면서 현실을 초월한 철학적 사유로 승화된다.

　이 작품에서 아리스토텔레스가 말한 '질료에서 형상으로, 그리고 형상을 예술로 재현하는' 미메시스 과정을 확인할 수 있다. 시인의 눈은 공장의 일상을 본질의 차원으로 끌어올렸고, 사진과 언어는 그 본질을 감각과 사유의 두 영역에서 동시에 드러냈다. 디카시라는 장르는 바로 이런 이중의 미메시스를 가능하게 하는 형식이다.

3. 멀티언어적 재현성과 창조적 의미 생성

플라톤적 디카시가 실재를 환기하는 것으로 그쳤지만, 아리스토텔레스적 디카시는 실재를 창조적으로 재현한다.

아리스토텔레스적 디카시는 사진과 문자라는 상이한 기호체계가 하나의 멀티텍스트 안에서 결합하면서, 사진이 시각적 직관과 감각적 몰입을 제공하고, 문자가 시간적·정서적 해석의 층위를 형성하며, 서로 독립성과 상호작용성을 동시에 발휘한다는 점이다. 아리스토텔레스적 디카시는 창조적 미메시스에 부합하며, 감각적 경험과 해석적 의미가 결합된 새로운 예술 양식을 제시한다.

Ⅲ. 디카시와 토마스 아퀴나스

1. 아퀴나스의 신앙과 이성

 토마스 아퀴나스의 철학은 중세의 어둠 속에서 빛을 던진 지성의 등불이었다. 그는 신앙과 이성이 서로를 배척하던 시대적 갈등 속에서, 두 영역이 대립하는 것이 아니라 서로의 결핍을 채워주는 관계임을 분명히 했다. 아퀴나스에게 신앙은 초자연적 진리의 영역이고, 이성은 자연적 진리의 탐구 도구였다. 인간은 이성으로 세계를 이해할 수 있지만, 궁극의 진리에 이르기 위해서는 계시가 필요하다는 그의 관점은, 신학과 철학의 관계를 명확히 자리매김하게 했다.

 아퀴나스의 업적은 단지 신학적 통찰에 머물지 않았다. 당시 유럽에 새롭게 소개된 아리스토텔레스 철학을 과감하게 수용하고, 이를 기독교 교리와 조화시켰다. 아리스토텔레스의 형상과 질료, 목적론, 제1 원인과 같은 개념은 그의 손에서 신학적 언어로 재탄생했다. 그 결과 신의 창조, 세계 질서, 인간 존재의 의미가 철학적 논증 위에 정교하게 세워졌다.

 그의 『신학대전』에서 존재론은 '본질과 존재의 구분'을 중심에 두었으며, 이를 바탕으로 하느님의 존재를 합리적으로 증명하는 다섯 가지 길을 제시했다. '운동으로부터의 증명', '인과 관계로부터의 증명', '우연성과 필연성으로서의 증명', '완전함의 등급에 의한 증명', '사물의 지배를 통한 증명'이라는 다섯 가지 경로는 중세 이후 서구 신학에서 하느님 존재 증명의 표준 모델이 되었고, 오늘날에도 여전히 학문적 토론의 장에서 살아 숨 쉬고 있다.

아퀴나스는 또한 보편 논쟁에서 플라톤적 실재론과 아리스토텔레스적 경험론을 절충했다. 그는 보편이 사물 속에 실재하며, 동시에 인간 이성 속에서 추상화된다고 보았다. 이를 통해 오랫동안 논쟁을 불러온 철학적 문제에 종합적 해답을 내놓았고, 스콜라철학의 완성자로 불리게 되었다.

그의 사상은 중세에 머물지 않았다. 르네상스와 근대를 거치면서도 아퀴나스의 철학은 서구 사유의 표준틀로 기능했고, 19세기 말 교황청이 '신토마스주의'를 공식 철학으로 채택하면서 현대 가톨릭 사상의 핵심 기반이 되었다. 도덕철학, 법철학, 정치철학의 영역에서도 그의 사상은 여전히 중요한 이론적 자원으로 쓰인다.

토마스 아퀴나스의 철학적 의의는, 신앙과 이성을 적대적 구도가 아닌 상호 보완적 관계로 재정립하고, 고대 그리스 철학과 기독교 교리를 통합한 데 있다. 그는 이성과 신앙은 진리를 향한 두 개의 길로서, 서로를 위협하지 않고 보완하며 진리의 인식을 풍부하게 만든다고 본 것이다.

이는 디카시 창작의 핵심 구조, 즉 사진기호(감각의 길)와 문자기호(언어의 길)가 시적 충동을 유발하는 날시를 표현하기 위해 조화롭게 작동해야 한다는 원리와 본질적으로 통한다.

2. 감각과 언어, 계시와 해석의 상호 조응

신앙은 초월적 계시를 받아들이는 믿음의 태도이고, 이성은 감각과 논리를 통해 진리를 탐구하는 능력이다. 진리는 신의 계시(신앙)를 통해 완성되며, 이성은 그 계시를 해명하고 이해하도록 인간에게 주어진 수단이다. 따라서 이성과 신앙은 상호보완적으로 진리에 접근하는 쌍경로이다.

아퀴나스적 디카시 역시 사진기호와 문자기호라는 두 개의 기호가 결합하여 하나의 시적 사건을 구성하는 디지털 시대의 새로운 서정 양식이다. 사진기호는 몸이 세계를 감각적으로 포착한 흔적이다. 문자기호는 그 감각적 충동에 응답하는 초단형 언어적 응축이다. 이 둘은 독립된 기호체계지만, 디카시가 성립하려면 반드시 둘이 상호 조응해야 한다. 이 점에서 아퀴나스적 디카시의 사진은 신앙처럼 계시를 담고, 문자기호는 이성처럼 그것을 해석하고 언술한다.

곳곳이 갈라지고 부서져 내린
버려진 집
안을 엿보다
나는 흠칫 놀란다.
내 안을 들킨 듯

- 정채원 디카시 「안을 엿보다」

이 작품은 토마스 아퀴나스의 신앙과 이성의 조화 이론에 비추어볼 때, 디카시의 창작 구조를 계시로서의 사진기호와 이성적 해명으로서의 문자기호라는 이중 질서로 드러낸다. 아퀴나스는 신적 진리는 계시를 통해 주어지되, 그것을 인간 이성에 의해 이해되고 해명될 수 있다고 보았다. 사진기호는 어둠 속 폐허의 집 안쪽을 향해 열린 창을 중심으로 구성된다. 유일한 광원의 존재로서 창은 어둠 속 진실을 밝히는 계시의 상징이며, 아퀴나스가 말하는 신적 진리를 환기한다. 이 폐허의 실존은 어떤 존재론적 질문을 촉발하는 날시로 드러나며 '시적 충동'의 기점이 되었다. 시적 충동은 사진으로부터 촉발된 것이 아니라, 먼저 세계의 균열 속에서 몸이 감각적으로 인지한 계시적 순간이며, 그 결과로 사진이 촬영된 것이다. 사진은 그 충동의 실재적 징후를 기록하는 것이다.

  사진 속 어둠과 균열은 세계의 폐허를 상징하면서도, 열린 창의 빛은 인간 내면의 구원 가능성과 맞닿아 있다. 이것은 아퀴나스가 말하는 신적 질서의 흔적으로 볼 수 있으며, 시적 충동의 시원을 감각적으로 드러낸다.

  문자기호로서 "안을 엿보다/ 나는 흠칫 놀란다/ 내 안을 들킨 듯"이라는 시적 언술은 세계를 인식하는 감각적 충동(계시)을 이성적으로 응시하고 해명한다. 이 작품에서 문자기호는 단순한 감성의 표출이 아닌, 자신의 내면이 세계의 폐허와 공명하고 있음을 이성적으로 자각하는 구조를 갖는다.

  "내 안을 들킨 듯"이라는 언술은 내면과 외부의 경계가 무너지는 자기 성찰의 순간이며, 존재론적 동일시를 일으키는 이성적 깨달음이다. 이는 아퀴나스가 강조한 진리에 도달하기 위한 이성의 길과 맞닿아 있으며, 문자기호는 사진기호로서의 계시를 해석하고 통합하는 언어적 사유의 장이 된다.

　이 작품은 토마스 아퀴나스의 철학에서 말하는 계시와 이성의 조화, 즉 감각적 계시로서의 사진기호와 그 의미를 이성적으로 언어화한 문자기호가 시적 충동의 대상인 날시를 하나의 완결된 시적 실현으로 구조화한 것이다. 이는 디카시가 단순한 감성과 이미지를 넘어서, 신앙과 이성이 만나는 철학적 구조까지 담아낼 수 있는 새로운 서정양식임을 입증한다.

어느 행성계에서 오신 꽃들입니까.
　이 별의 사람들은 현재,라고 말하는 순간 이미 과거가 되는 현재를 삽니다.
　이 꽃들이 멀리서 가져오신 선물입니까.
　찰나의 찰나의 찰나의 찰나일지라도 현존이 있다는 꽃말입니까.

– 윤성학 디카시「먼 데서 온 손님」

　이 작품도 토마스 아퀴나스 관점에서 사진기호와 문자기호의 상호텍스트성을 살펴볼 수 있다. 즉, 토마스 아퀴나스의 인식론과 존재론을 원용할 때, 디카시는 감성과 이성이 한 장의 사진과 몇 줄의 언어 안에서 완벽하게 조화를 이루는 예술 행위라 할 수 있다.

　먼저, 사진 속 장면은 강물 위에 햇빛이 부서지고, 그 너머로 숲과 절벽이 깊은 녹음을 품고 있다. 이 이미지는 단순한 경치가 아니라, 보는 이로 하여금 설명할 수 없는 머나먼 기원을 떠올리게 한다. 아퀴나스에 의하면 모든 인식은 감각에서 시작된다. 인간의 눈이 받아들이는 빛과 색, 형태는 곧바로 영혼 깊숙한 곳에 울림을 남긴다. 그것은 자연 속에 숨겨진 조물주의 계시다. 이 순간 사진기호는 단순한 기록물이 아니라, 신적 질서가 살짝 열린 시적 계시가 된다.

그러나 감각적 충동만으로 완성되지 않는다. 시인의 지성은 이 감각을 붙잡아 의미로 승화시킨다. "현재라고 말하는 순간 이미 과거가 되는 현재"라는 언술은, 보이는 세계를 초월적 시간의 흐름 속에 위치시키는 철학적 사유다. 아퀴나스가 말하듯, 지성은 감각으로 받은 형상을 추상하여 보편적 진리를 인식한다. 시인은 강물의 찰나를 붙잡아, 존재의 덧없음과 그 안에 담긴 신의 선물이라는 진리를 언어로 드러낸다. "찰나의 찰나의 찰나의 찰나일지라도 현존이 있다"는 깨달음은, 모든 존재가 신의 창조 질서 안에서 현재성을 부여받는다는 아퀴나스의 존재론과 맞닿는다.

이 작품은 사진기호로서 감각적 계시를, 문자기호로서 이성적 해석을 구현한다. 시인은 눈으로 본 세계를 마음으로 해석하며, 감성과 이성이 만나 신의 질서를 읽어내는 과정을 완성한다. 아퀴나스의 말처럼, 감각과 이성은 분리될 수 없고, 진리는 그 둘이 함께 작동할 때 비로소 우리 앞에 모습을 드러낸다. 이 작품은 그 과정을 한 폭의 이미지와 짧은 언어 속에 농축시켰다.

3. 시적 신학의 사건

아퀴나스적 디카시의 사진기호도 날시의 감각적 발현이다. 사진은 시인이 몸으로 느낀 세계를 직관적으로 포착한 결과이다. 특히 아퀴나스적 디카시에 있어서 이 감각은 즉시적이고 선이성적인 계시에 가깝다. 즉, 신앙이 신의 진리를 직접 수용하듯, 사진은 날시를 직접 감지한 감각의 결과물이다. 문자기호는 감각의 해석과 재구성이다. 사진만으로는 디카시가 성립하지 않는다. 디카시는 시적 충동으로 포착한 날시를 사진과 함께 극도로 압축된 언어로 응축하여 드러낸다. 아퀴나스적 디카시의 언어적 응답은 마치 아퀴나스가 계시를 이성으로 해명하듯, 사진기호의 계시성의 문을 열어 환하게 드러나게 하는 이성의 기능이라 해도 좋다.

아퀴나스적 디카시 창작에서 사진기호만 있거나 문자기호만 있다면, 날시의 진정한 의미가 온전히 드러나지 않는다. 두 기호의 균형과 조화 속에서만 날시는 시적 실재로 탄생한다.

아퀴나스적 디카시에서의 이 조화는 마치 신앙과 이성이 협력해야 진리에 도달할 수 있다는 아퀴나스의 철학과 동일한 원리로 작동한다.

아퀴나스적 디카시는 사진과 문자가 서로 보완하고 균형을 이루는 과정에서 시적 진실에 도달한다는 점에서 아퀴나스적 진리론의 현대적, 디지털적 재구성이라 볼 수 있다.

토마스 아퀴나스는 신앙과 이성이라는 두 경로가 만나야 진리가 온전히 드러난다고 보았다. 마찬가지로, 디카시도 사진기호와 문자기호라는 두 경로가 서로를 보완할 때만 진정한 시로 실현된다.

아퀴나스적 디카시 창작론은 디카시를 감각적 즉흥이나 이미지 소비가 아닌, 디지털 시대의 철학적-형이상학적 시 창작의 한 양식으로 격상시킨다. 토마스 아퀴나스적 디카시는 단순한 두 기호의 결합이 아니라, 감각과 해석이 진리를 드러내는 '시적 신학'의 사건이다.

2부 주체와 인식

　서양 철학사에서 데카르트와 칸트는 모두 세계 이해의 중심을 주체로 전환시킨 사상가들이다. 데카르트가 "나는 생각한다, 고로 존재한다"는 코기토를 통해 인식의 확실성을 주체에서 찾았다면, 칸트는 인식의 가능 조건을 선험적 구조로 제시함으로써 세계가 주체의 틀 속에서 구성됨을 밝혔다. 이러한 흐름은 디카시 창작에서 시인이 세계와 맞닿은 순간 포착한 시적 형상인 날시가 주체의 감각과 언어 구조를 거쳐 사진기호와 문자기호로 형상화되는 과정과 깊이 상응한다. 따라서 이들은 주체와 인식의 전환이라는 틀에서 디카시의 근본적 의미를 조명할 수 있게 한다.

Ⅰ. 디카시와 르네 데카르트

1. 코기토(Cogito)와 주체 인식

근대 철학의 문을 연 사람을 꼽으라면, 단연 데카르트를 떠올리게 된다. 그는 중세의 견고한 신 중심 질서 속에서 과감히 발을 빼고, 모든 것을 의심의 도가니에 던져 넣었다. 그 의심은 파괴가 목적이 아니었다. 오히려 의심을 통해 흔들리지 않는 확실성, 모든 사유의 토대를 찾고자 했다. 그 과정에서 탄생한 명제가 바로 "나는 생각한다, 고로 나는 존재한다"였다.

코기토는 단순한 문장이 아니다. 그것은 신의 계시나 전통의 권위가 아닌, 바로 '나'라는 사유하는 주체를 철학의 기초로 세운 선언이었다. 의심조차 할 수 없는 확실성은, 외부 세계가 아니라 생각하는 나 자신에게 있었다. 이 깨달음은 인간을 수동적 피조물에서 능동적 탐구자로 변모시켰다. 진리는 더 이상 하늘 위에서 내려오는 것이 아니라, 나의 정신이 명확하고 분명하게 파악하는 데서 출발한다.

이 선언은 근대 인식론의 씨앗이 되었다. 세계를 아는 길은 감각이나 권위가 아니라, 이성의 자명한 확실성에 의존해야 한다는 믿음은 이후 스피노자와 라이프니츠의 합리주의를 낳고, 칸트의 비판철학을 준비했다. 그러나 동시에 코기토는 주체와 세계를 둘로 나누는 이원론의 씨앗도 함께 뿌렸다. 사유하는 '나'와 '물질세계'의 분리는 과학혁명의 기계론적 세계관과 결합해 눈부신 과학 발전을 이끌었지만, 후대 철학자들에게는 '주체와 세계의 단절'이라는 난제를 남겼다.

그럼에도 데카르트의 코기토는 철학사에서 하나의 거대한 전환점으로 남는다. 그것은 마치 오래된 성벽이 무너진 자리에서 스스로를 믿는 주체가 우뚝 선 장면과 같다. 이제 철학은 타인의 권위가 아니라 자기 사유의 확실성에서 시작한다. 데카르트는 그 출발점에 깃발을 꽂았고, 근대 철학이라는 대장정은 거기서부터 본격적으로 걸음을 옮겼다.

데카르트는 모든 것을 의심한 끝에 코기토라는 명제로 주체의 존재를 증명했다. 핵심은 '생각(사유)한다는 자각', 그 자체가 주체의 확실성을 보장한다는 것이다. 이는 자기 사유의 자각에서 존재의 확증이라는 인식론적 구조로, 근대 주체철학의 출발점이 되었다.

2. 날시 포착과 사유의 자각, 그리고 감각에서 사유로의 기호화 과정

데카르트의 코기토 철학을 디카시 창작론으로 옮겨오면, 날시는 마치 "나는 생각한다, 고로 나는 존재한다"의 문학적 자매격이다. 데카르트가 의심의 끝에서 자기 존재의 확실성을 발견했듯, 시인은 시적 충동으로서 시적 형상인 날시를 포착하며 '창작 주체로서의 나'를 확인한다. 날시는 사진기호도, 문자기호도 아닌 그 이전에 순간적으로 세계 내에 드러난 시적 형상이다. 그것은 사물이나 자연을 마주한 감각적 떨림과

사유 이전의 번쩍임의 단초이다.

데카르트적 디카시 창작 과정에서 이 날시는 데카르트의 방법적 회의와 닮았다. 시인은 이미 존재하는 언어, 관습적 이미지, 상투적 표현을 일단 의심한다. 기존의 시 형식이나 사진미학에 기대지 않고, 나의 감각과 사유가 직접 붙잡은 세계만을 신뢰한다. 이 과정에서 시인은 자신의 감각이 거짓이 아님을, 자신의 시적 반응이 살아있음을 깨닫는다. 그것이 곧 "나는 날시를 느낀다, 그러므로 나는 시인이다"라는 선언이 된다.

데카르트가 코기토를 통해 철학의 출발점을 '사유하는 주체'로 옮겨 놓았듯, 디카시는 날시를 통해 창작의 중심을 '감각하는 주체'로 되돌린다. 사진기호는 날시의 시각적 현현이고, 문자기호는 그 감각을 언어로 옮긴 발화다. 그러나 이 모든 것은 날시라는 주체의 내적 확실성을 토대로 한다. 날시가 없는 사진은 단순한 이미지로 흩어지고, 날시가 없는 문자기호는 공허한 설명으로 가라앉는다.

데카르트적 디카시의 창작론에서 날시는 데카르트의 코기토와 같은 역할을 한다. 그것은 데카르트적 디카시의 근거이며, 창작 주체의 존재 증명이다. 데카르트가 '생각하는 나'를 철학의 기초로 세운 것처럼, 디카시는 "날시를 느끼는 나"를 창작의 기초로 세운다. 이 확실성을 붙잡은 순간, 시인은 외부 권위나 장르 규범을 넘어 자신만의 사진기호와 문자기호를 빚어낼 수 있다. 데카르트적 디카시는 그렇게 날시의 확실성 위에서, 주체적 서정의 새로운 영토를 개척해 나간다.

이런 창을 가진 남자와 사귀고 싶다
푸른 바다와 하늘이 끝없이 입 맞추며 질주하는
그 무한에 건배하며 나를 던지고 싶다
내가 사는 이 도시는 너무나 비좁고
숨이 막혀!

– 김상미 디카시 「오래된 꿈」

이 작품은 데카르트의 코기토와 디카시 창작론의 시적 충동의 대상인 시적 형상 날시가 교차하는 지점에서 읽힌다. 사진 속 열린 창은 단순한 풍경의 틀이 아니다. 그것은 주체가 세계를 인식하는 통로이자, 내부의 삶과 외부의 무한을 가르는 경계선이다. 창 안쪽의 주체는 이 경계를 통해 바다와 하늘을 바라보며, 지금의 자기 존재를 성찰한다.

문자기호에서 화자는 "이런 창을 가진 남자와 사귀고 싶다"고 선언한다. 이 발화는 표면적으로는 욕망의 표현이지만, 본질적으로는 날시의 폭발이다. 날시는 사진이나 언어 이전에 주체 내면에서 일어나는 시적 충동의 대상으로, 이 경우 그것은 푸른 바다와 하늘의 무한 속으로 자신을 던지고 싶은 갈망으로 구체화된다. 날시는 이렇게 세계를 향한 주체의 감각적 반응과 존재 증명의 첫 발걸음을 떼게 한다.

"내가 사는 이 도시는 너무나 비좁고/ 숨이 막혀!"라는 절규는 코기토의 순간과 맞닿아 있다. 데카르트가 모든 것을 의심한 끝에 '사유하는 나'의 확실성에 도달했듯, 화자는 숨 막히는 현실을 자각하는 순간, '갈망하는 나'의 존재를 명확히 인식한다. 여기서 주체 인식은 외부 세계의 객관적 사실이 아니라, 그 세계를 향해 몸과 마음이 반응하는 자기 경험 속에서 발생한다.

이 작품의 주체는 날시를 통한 시적 충동으로 자기 존재를 재확인한다. 창은 경계이자 출발점이며, 바다와 하늘은 그 경계를 넘어선 무한의 상징이다. 데카르트가 "나는 생각한다, 고로 나는 존재한다"로 철학의 기초를 세운 것처럼, "나는 날시를 포착한다, 고로 나는 디카시를 쓰는 시인이다"라는 주체의 자기증명을 예술의 기초로 세운다. 주체 인식은 이렇게 사진기호와 문자기호를 잇는 숨은 축이 되고, 디카시는 그 축 위에서 새로운 서정을 빚어낸다.

종소리가 꽃처럼 피어난다
꽃들이 종소리처럼 터져 나오는 건지도 모른다 생각해 보면
나도 당신도, 저기 어딘가 조금은 섞여있다

- 천서봉 디카시 「섞어가다」

이 작품의 사진기호에서는 흐릿한 노란 꽃들이 화면 전면에 부유하듯 떠 있고, 하단에는 교회 첨탑과 십자가가 어렴풋이 보인다. 이 시각적 모티프는 자연(꽃)과 신성(십자가)이 겹쳐져 감각의 혼재와 경계의 허물어짐에서 시적 충동의 대상인 날시를 포착했을 법하다.

시인은 단순히 꽃과 십자가를 관찰하는 데서 멈추지 않고, "종소리가 꽃처럼 피어난다"는 직관적 언술을 통해 청각(종소리)과 시각(꽃)의 경계를 허물며 사유하고 있다. 이때 시적 자아는 자연 속 사물(꽃, 교회,

십자가)을 감각하면서도, 감각에 머물지 않고 '종소리'를 '꽃에' 비유해 자신의 해석을 직관적으로 생성한다. 이는 데카르트의 직관처럼 시적 자아가 "내가 이렇게 보고 느끼고 있다"는 명증적 자각을 하는 단계에 해당한다.

시적 언술이 "종소리가 꽃처럼 피어난다", "꽃들이 종소리처럼 터져 나오는 건지도 모른다"고 반복되는 구절은 감각의 혼동이 아니라 시적 자아가 적극적으로 세계를 해석하고 있다는 사유의 표출이다. 이어 "생각해 보면/ 나도 당신도, 저기 어딘가 조금은 섞여 있다"는 구절은 자연, 종소리, 인간(나와 당신)까지 서로 분리된 존재가 아니라 어딘가 혼융되어 있다는 인식을 보여준다.

이때 시적 자아는 단순히 대상을 기술하는 것이 아니라, "나는 지금 세계와 나의 경계, 존재의 혼융을 사유하고 있다"는 자기 인식을 하고 있다.

이 자각은 데카르트의 코기토와 동일한 구조로, 시인은 시적으로 사유함으로써 자신의 시적 존재를 자각하고 확증하고 있다. 사진기호는 꽃과 십자가라는 시각적 모티프를 통해 감각의 경계가 모호해지는 상황을 기호화했다. 문자기호(시적 언술)는 이 모티프를 해석하고 새로운 의미를 창출해 "종소리=꽃, 꽃=종소리, 나와 당신=자연과 섞임"이라는 복합적 관계를 명증적 언어로 선언한다.

이 사진기호와 문자기호가 하나로 결합되면서 감각의 포착(꽃과 십자가)과 사유의 해석(종소리-꽃-인간의 혼융)이 멀티언어예술로 완성되었다. 작품 그 자체가 시적 자아의 코기토적 자기 증명으로 "나는 시적으로 사유한다. 고로 나는 시인으로 존재한다"는 과정을 작품으로 외화한 것이다.

3. 자기 존재의 예술적 확증

   데카르트적 디카시 창작에서 시적 자아는 자연과 사물에서 감각적으로 날시를 직관하면서 시적 사유를 개시한다. 이는 데카르트의 직관과 동일한 인식의 출발점이다. 시적 자아는 "내가 지금 시적으로 생각한다"는 자각으로 자기 인식을 강화하며 사진기호로 감각을 객관화하고, 문자기호로 자신의 해석을 명증화한다. 이 결합 멀티텍스트는 시적 자아의 코기토를 작품으로 실현한다. 완성된 디카시는 시적 자아가 코기토적 사유를 통해 자기 존재를 예술적으로 확증한 증거이다

   데카르트적 디카시는 시인이 날시를 감각하고, 이를 사유로 전환하여 자신의 시적 존재를 자각(코기토)하고, 사진기호와 문자기호로 외화하여 "나는 시적으로 사유한다. 고로 나는 시인으로 존재한다"를 예술적으로 증명하는 창작 과정이다.

Ⅱ. 디카시와 임마누엘 칸트

1. 어떻게 확실한 지식을 얻는가

근대 철학의 한복판에서 임마누엘 칸트는 '코페르니쿠스적 전회'라 불리는 사유의 전복을 선언했다. 그는 이렇게 질문했다.

"우리는 어떻게 확실한 지식을 얻는가?" 이는 단지 인식의 기술적 문제가 아니었다. 그것은 인간 이성의 능력과 한계를 동시에 자문하는 철학적 근본 물음이다. 그리고 이 질문의 배경에는 당시 유럽을 양분하던 두 거대한 인식론의 흐름인 경험론과 합리론이 있었다. 경험론자들은 인간은 오직 감각 경험을 통해서만 지식을 획득한다고 보았다. 대표적 경험론자인 로크는 마음을 빈 서판이라 했다. 이에 비해 흄은 경험론의 입장에서 철저하게 따져 "우리가 A가 B를 일으킨다고 말할때 그 인과적 관계를 감각적으로 직접 경험할 수 있는가"라고 물었는데, 그의 대답은 "없다"로 그것은 습관의 산물일 뿐이라고 말한다. 따라서 경험의 연속은 인과성이라는 허상을 만들어낸다며 경험론의 자기 붕괴적 한계를 보여주었다. 이로부터 칸트는 중대한 철학적 위기를 감지했다. 만약 모든 지식이 단지 감각 인상들의 습관적 연쇄일 뿐이라면, 보편성과 필연성, 즉 과학적 지식의 토대는 무너진다는 것이다.

반면, 합리론자들은 경험 이전의 이성적 직관과 논리를 통해 진리를 발견할 수 있다고 믿었다. 데카르트는 "나는 생각한다, 고로 존재한다"고 선언했고, 라이프니츠는 이성을 통해 우주의 조화와 필연성을 설명하려 했다. 그러나 그들의 사유는 너무 자족적이었고, 경험 세계와 유리된 공허한 체계로 비칠 위험이 컸다.

칸트는 이 두 입장의 한계를 비판하며, 제3의 길을 열고자 했다. 그는 감성과 오성, 즉 경험과 이성의 협력을 통해 인간이 세계를 인식한다고 주장했다. 우리가 세계를 인식하는 것은 사물 그 자체가 우리에게 다가오기 때문이 아니라, 우리의 인식 능력이 세계를 구성하기 때문이라는 것이다.

여기서 칸트는 혁명적 개념을 도입한다. 바로 '물자체'다. 우리가 보는 사물, 느끼는 풍경, 이해하는 사건들은 모두 시간과 공간이라는 선험적 감성 형식과 인과성, 실체성 등의 범주를 통해 구성된 현상이다. 그런데 이 모든 구성 이전에, 즉 우리의 인식 틀 바깥에서 존재하는 사물, 그것이 바로 물자체이다.

그러나 중요한 것은 이 물자체는 존재는 하지만, 결코 인식될 수 없다는 것이다. 칸트는 그것이 있다는 것만 알 수 있을 뿐, 그것이 어떤 것인지는 절대 알 수 없다는 관점이다. 따라서 칸트는 "나는 사물 그 자체를 인식할 수 없다"는 명제를 통해 인간이 경험할 수 있는 것 이상의 인식이 불가능함을 밝히면서 경험의 가능성을 확보하고자 했다. 이는 단순한 인식 불가능의 선언이 아니다. 오히려 인간 이성의 정당한 한계를 설정함으로써, 과학적 지식의 가능성과 윤리적 자유의 근거를 동시에 확보한 것이다. 인간이 현상을 통해서만 세계를 경험하지만, 그 이면에 물자체가 있다는 인식은 겸허함과 책임을 동시에 요구한다.

칸트는 인간 이성을 절대화하지 않으면서도, 그것을 무력화하지 않는다. 그는 인간이 세계를 완전히 파악할 수 없다고 말하지만, 동시에 인간이 세계를 구성하는 주체임을 선포한다. 이런 점에서 물자체는 인간 인식의 한계를 드러내는 철학적 장치이자, 진리를 향해 끊임없이 나아가야 하는 초월적 지평의 상징이다.

오늘날까지도 칸트의 물자체 개념은 논란의 대상이다. 과연 인간이 전혀 알 수 없는 것에 대해 말하는 것이 가능한가? 그것은 허구적 전제에 불과한가? 그러나 분명한 것은, 칸트가 경험론과 합리론의 대립을 넘어 인간 인식의 비판 철학을 완성하고, 근대 철학을 새로운 궤도로 이끌었다는 점이다.

칸트의 인식론을 쉽게 표현하면 "당신이 보는 세계는 진실이 아니다. 그러나 진실은 그 너머 어딘가에 있다. 당신은 그것에 다가갈 수 있다. 다만, 완전히 도달할 수는 없다."고 말할 수 있다.

따라서 칸트 철학에서 물자체는 현상의 원인이면서 인간 인식으로는 결코 파악할 수 없는 사물의 본질을 가리킨다. 인간은 시간·공간·감각이라는 선험적 조건 속에서 현상을 구성할 수 있을 뿐, 사물 자체에 대한 직접적 인식은 불가능하다. 따라서 물자체는 인간이 세계를 경험함에 있어 인식의 한계와 결핍을 자각하게 만드는 절대적 타자로 기능한다.

2. 물자체와 숭고의 창작심리

칸트적 디카시는 어떻게 시작되는가. 시인은 언제 사진을 찍고, 언제 짧은 언어를 꺼내 쓰는가. 칸트의 관점에서 그것은 우연한 풍경 때문도, 의미 있는 대상 때문만도 아니다. 가끔은 아무 의미도 없어 보이는 사물 앞에서, 혹은 오래 보던 나무 하나 앞에서, 갑자기 가슴이 울컥하고, 손이 먼저 스마트폰 내장 디카로 향한다. 언어가 따라오기도 전에. 그 순간, 시인은 무언가에 맞닿았다고 느낀다. 그것은 세계가 자기 자신을 조용히 열어 보인 찰나이며, 시적 충동의 대상인 날시가 발화되는 기점이다.

그런데 이 시적 충동은 어디에서 오는 것일까. 사물의 아름다움 때문도 아니고, 시인의 기분 때문만도 아니다. 어쩌면 그것은, 우리가 결코 직접 도달할 수 없는 어떤 존재가 잠깐 틈을 내어 자신을 내비친 것, 그러니까 철학자 칸트가 말한 물자체의 어렴풋한 반짝임이 날시로 드러난 것은 아니었을까.

칸트는 인간이 눈으로 보고, 말로 부르고, 개념으로 이해하는 세계는 현상계, 즉 인식의 틀 안에 포착된 세계라고 말한다. 그 너머에는 사물 그 자체, 즉 물자체가 있다. 하지만 물자체에 도달할 수 없다. 이성은 그 경계 밖을 알 수 없기 때문이다. 칸트는 그것을 철저히 인식의 한계선으로 보았고, 철학은 그 문 앞에서 멈춰 서야 한다고 말했다.

그러나 디카시는 거기서 멈추지 않는다. 칸트적 디카시의 창작자는 세계와 정면으로 마주한다. 꽃이 흔들리고, 유리창에 노을이 비치고, 녹슨 철문이 기묘하게 숨을 쉬는 듯한 순간에 시인은 몸으로 세계를 감각한다. 그 감각은 인식이라기보다 촉감에 가까운 접촉이다. 이해가 아니라 충돌이다. 생각이 아니라 반응이다. 그리고 그 반응은, 바로 물자체의 존재가 한순간 틈입해 들어온 징후다.

이때 찍히는 사진은 단순한 시각 정보가 아니다. 그것은 세계의 비의가 잠깐 스며든 증거물이다. 칸트적 디카시는 물자체에 도달하려는 언어 이전의 몸의 사유이며, 존재의 실루엣을 포착하려는 감각적 시도다. 칸트의 관점에서 디카시는 세계를 이해하려는 예술이 아니라, 세계가 스스로를 드러내는 틈과 순간을 붙드는 예술이다.

그러므로 날시로 유발되는 시적 충동은 단지 주관적 정서가 아니다. 그것은 세계가 스스로를 내보이는 찰나에, 시인의 몸이 감응한 순간이다. 그리고 그 감응의 가장 정직한 형식이 바로 디카시다. 시인은 이 불완전한 세계를 통해, 결코 완전히 알 수 없는 실재에 손을 뻗는다. 그 손끝에서 포착된 미세한 떨림, 그 감각의 발광이야말로, 디카시가 태어나는 순간이다.

때때로 자연 앞에서 말문이 막히는 순간을 경험한다. 끝없이 펼쳐지는 우주의 밤하늘, 거대한 산맥의 능선, 격렬한 폭풍우가 몰아치는 광경 앞에서 경외심과 두려움을 동시에 느낀다. 이때 느끼는 감정은 단순한 아름다움과는 거리가 있다. 그것은 감각이 더 이상 대상을 온전히 포착하지 못하고, 그 한계에 부딪히는 순간 이성이 전면에 나서면서 비로소 발생하는 어떤 감정, 바로 숭고다. 이 숭고의 감정을 체계적으로 철학의 영역으로 끌어들인 이는 바로 임마누엘 칸트이다.

칸트는 『판단력 비판』에서 심미적 판단을 아름다움과 숭고로 구분한다. 아름다움이 조화와 형식미 속에서 쾌를 느끼는 감정이라면, 숭고는 처음에는 불쾌한 감정으로 시작해 이성의 개입을 통해 궁극적 쾌에 이르는 독특한 구조를 지닌다.

칸트는 숭고를 두 가지 유형으로 나눈다. 하나는 수학적 숭고이고, 다른 하나는 역학적 숭고이다. 수학적 숭고는 대상을 감각적으로 포착할 수 없을 만큼 압도적으로 클 때 발생한다. 끝없는 사막, 하늘을 가득 메운 별들, 혹은 상상조차 어려운 시간과 거리 앞에서 우리의 감각은 무력해지지만, 이성은 그러한 무한성을 개념적으로 포괄하려 한다. 그 과정에서 이성의 포괄 능력을 새삼 자각하게 되고, 바로 그 지점에서 숭고가 발생한다.

한편, 역학적 숭고는 압도적인 힘 앞에서 느끼는 감정이다. 예컨대 격랑 이는 바다, 용암을 뿜는 화산, 대자연의 파괴적 위력을 눈앞에서 마주할 때, 본능적으로 공포를 느낀다. 그러나 곧, 그 힘에 실제로 파괴되지 않을 안전한 거리에 있다는 점을 인식하며, 자연의 파괴적 힘을 넘어서 있는 인간 이성의 자율성과 도덕성을 새삼 확인하게 된다. 두려움을 느끼면서도, 그 두려움을 초월하는 정신의 위대함을 인식하는 것, 그것이 역학적 숭고의 본질이다.

이처럼 숭고는 단순히 감각의 반응에 머무르지 않는다. 오히려 감각이 무력해지는 지점에서 이성의 위엄이 드러나는 순간이다. 감각은 자연의 위력 앞에서 좌절하지만, 이성은 그 좌절을 딛고 대상을 재정의하고 자신의 도덕적 존엄성을 확인한다. 이 과정은 칸트 철학 전체의 핵심 주제인 자율성과 도덕성, 이성의 능동성을 다시 한번 심미적으로 구현하는 방식이기도 하다.

흥미로운 점은 이 숭고의 감정이 오늘날의 예술과 문화 속에서도 다양한 방식으로 구현되고 있다는 사실이다.

칸트의 숭고는 단지 자연 앞에서 느끼는 감정적 경외가 아니다. 그것은 감각의 실패를 이성의 자각으로 전환하는 계기, 자연의 압도 앞에서도 무너지지 않는 인간 정신의 고귀함을 확인하는 통로이다. 이성의 위대함을 감각적으로 체험할 수 있게 해주는 것이 바로 칸트가 말한 숭고의 본질이며, 그것이 오늘날까지도 미학과 예술의 근본적 체험으로서 살아 있는 이유다.

숭고는 감각으로는 처리할 수 없을 만큼 압도적이거나 무한한 대상을 접했을 때, 상상력은 무력감(불쾌)을 경험하지만, 이성은 그 무한성을 사유할 수 있음에 쾌감을 느끼는 심리적 구조로 성립한다.

디카시의 사진은 종종 거대함, 공허함, 폐허 등 감각적으로 압도되는 대상을 포착하기도 한다. 이 경우는 칸트의 숭고 개념으로 칸트적 디카시의 창작 과정을 해명하는데 매우 유효하다.

불사조가 날면

밤은 죽지 않는다

- 김정희 디카시 「천일야화」

이 작품의 도시의 야경은 경이롭다. 그러나 그것은 단순히 아름답다는 말로는 다 설명되지 않는다. 높은 곳에서 내려다본 불빛의 물결은 인간이 만들어 낸 문명의 흔적이면서 동시에 인간을 압도하는 거대한 장관이다. 여기서 시인은 스마트폰 내장 디카를 들이댄다. 정확히 말하면, 눈앞의 현란한 풍경이 시적 충동을 일으키며 날시로 드러난 것이다. 순간적으로 솟구치는 시적 충동의 대상인 시적 형상으로서의 날시는 인간의 이성으로는 붙잡을 수 없는 물자체의 존재와 무관치 않다.

디카의 작은 렌즈가 담아낸 것은 한 장의 사진, 즉 도시 불빛이라는 사진기호이다. 그러나 시인은 거기에서 멈추지 않는다. 불빛의 바다를 마주한 시인은 문득 '불사조'라는 상징을 불러내고, "밤은 죽지 않는다"라는 언술을 이어 붙인다. 사진과 함께한 이 문자기호는 단순한 묘사가 아니라 새로운 세계의 개방이다. 도시의 빛은 불사조의 날갯짓으로 변주되고, 밤은 더 이상 어둠의 시간이 아니라 불멸의 상징으로 재탄생한다.

칸트의 철학으로 보자면, 이러한 순간은 감각의 차원을 넘어선 숭고의 체험에 해당한다. 눈앞의 불빛은 분명 현상계의 대상이지만, 그 압도적인 광휘는 시인의 마음속에 인간 이성이 직접 알 수 없는 어떤 세계, 곧 물자체를 환기한다. 그 본질을 알 수 없지만, 현상 너머에 있다는 사실만으로도 마음은 고양되고 떨린다. 감각은 한계를 느끼지만, 이성은 그 너머를 사유하려 한다. 바로 이 긴장에서 숭고가 발생한다.

이 작품은 물자체에서 유발되는 그 숭고의 순간을 포착한 기록이다. 사진은 감각을 붙잡고, 언술은 그 너머를 향한다. 시인은 도시의 불빛 속에서 영원성을 읽어내고, 그 영원성을 불사조라는 상징으로 노래한다. 이는 단순히 아름다움의 체험을 넘어서는 것이다. 아름다움이 조화와 기쁨이라면, 숭고는 압도와 긴장 속에서 이성이 스스로의 위엄을 자각하는 체험이기 때문이다.

따라서 "불사조가 날면/ 밤은 죽지 않는다"라는 짧은 언술은 도시 불빛 앞에서 인간이 경험하는 숭고의 기록이다. 이 작품은 감각적 사진기호와 문자기호가 결합을 통해 현상 너머의 세계를 살짝 열어 보인 그 지점에서 숭고미학을 가장 현대적인 방식으로 구현한다.

조연이 있기에 주연이 더 빛난다 내 목표는 우승이 절대로 아니다 신기록 견인 역할에 최선을 다할 뿐이다

- 정유지 디카시 「페이스 메이커」

이 작품은 경남정보대학교 캠퍼스에 설치된 피노키오 조형물을 중심으로 포착한 것이다. 이 작품도 디카시가 어떻게 사진과 언술을 통해 칸트 철학의 핵심 개념인 물자체와 숭고를 예술적 긴장 속에 직조하는가를 잘 보여주는 사례다. 표면적으로는 인형 피노키오가 달리는 모습이 도시 풍경과 함께 포착된 사진이다. 그러나 이 사진기호를 바라보는 순간 우리는 질문에 부딪힌다. 피노키오의 달리기는 무엇을 향한 것인가? 그 결승선은 어디에 있는가?

칸트는 인간의 인식이 시간, 공간, 감각이라는 선험적 조건 속에서 형성된다고 보았다. 인간이 사물을 경험하는 것은 현상일 뿐, 그 사물의 본질(물자체)은 결코 알 수 없다. 디카시의 사진기호 역시 마찬가지다.

사진 속 피노키오의 형상은 현상으로서만 존재하며, 피노키오가 꿈꾸는 인간성의 본질은 결코 사진에 담길 수 없다.

이때 물자체를 드러낸다기보다는, 물자체에 대한 접근 불가능성 자체를 자각하게 하면서 현상과 본질 사이의 간극을 긴장으로 예술화한다. 언술에서 "조연이 있기에 주연이 더 빛난다 내 목표는 우승이 절대로 아니다 신기록 견인 역할에 최선을 다할 뿐이다"라고 선언하는 교수-시인의 목소리는, 스스로를 피노키오와 동일시하고 결핍을 인정하면서도, 그 결핍을 통해 학생을 위한 헌신으로 나아가려는 자세를 보여준다. 이디카시의 창작심리는 이렇게 물자체적 결핍에서 드러난 날시의 자각에서 출발한다.

칸트의 숭고론은 감각이 다루지 못하는 거대하거나 무한한 대상과 마주할 때 발생한다. 감각은 좌절하지만, 이성은 그 무한성을 사유하면서 쾌감을 느낀다. 이 작품의 시적 화자인 교수-시인은 피노키오처럼 완전한 인간, 완전한 스승이 되려는 꿈을 품으면서도, 그 완전함에 도달할 수 없음을 자각한다. 바로 그 한계 인식에서 학생들이 빛날 수 있도록 조연에 머무는 숭고한 태도가 발생한다.

피노키오의 달리기는 단순히 자신의 목표 달성을 위한 경주가 아니라, 학생이라는 타인이 더 멀리 달릴 수 있도록 리듬과 페이스를 만들어주는 조연의 역할로 변모한다. 이 작품의 사진과 언술은 감각적으로는 담을 수 없는 이러한 헌신의 가치를, 언어와 상상을 통해 감각의 한계를 넘어 무한한 교육적 의미로 확장한다.

이 작품에서 물자체와 숭고는 분리되지 않고 서로를 강화한다. 사진은 현상으로서 결핍을 자각하게 하고(물자체적 긴장), 언술은 그 결핍을 극복하려는 의지와 타인을 향한 헌신으로 감각적 한계를 넘어 무한을 사유하게 한다(숭고적 체험). 이 작품은 이 두 축을 하나로 묶으며, 단순한 이미지와 텍스트 결합이 아닌, 사진이 불러온 결핍의 자각과 언술이 불러일으킨 숭고 체험이 상호작용하는 유기적 예술로 완성된다.

이 작품은 교수-시인이 피노키오라는 결핍적 존재에 자아를 투사하면서, 학생을 위한 조연으로 살겠다는 숭고한 결심을 예술로 승화한다. 사진이 제시하는 한계, 언술이 발화하는 무한, 그리고 두 요소 사이에 긴장으로 자리한 물자체적 부재의 자각이 유기적으로 얽히면서, 교육의 본질적 의미(학생이라는 타인이 주연으로 성장하도록 헌신하는 마음)의 감각을 넘어선 숭고의 차원으로 체험하게 한다.

3. 감각의 좌절과 이성의 개입

칸트의 인식은 결코 세계의 본질 자체에 이를 수 없다는 것이다. 인간이 아는 세계는 언제나 감성과 오성, 즉 인간의 인식 능력 구조를 거쳐 구성된 '현상'의 세계일 뿐이다. 그러나 칸트적 디카시인이 마주하는 세계는 이 '현상' 이전의 어떤 실존적 흔들림, 즉 '물자체'의 그림자를 감각적으로 마주하는 순간이라 할 수 있다. 바로 물자체의 흔적인 날시가 시인의 감각 속으로 스며든 순간 시적 충동을 느껴 스마트폰 내장 디카로 찍은 것이 사진기호이다. 하지만 사진은 그 대상의 모든 것을 말해주지 않는다. 오히려, 말해지지 않는 잔여가 더 크다. 이때 시인은 사진이라는 감각적 경계 너머로 의미를 확장하고자 한다. 여기에서 칸트적 디카시 창작은 단순한 감각의 기록이 아니라, 감각의 한계를 초과하려는 시적 이성의 시도로 이행한다.

이 지점에서 칸트가 말한 '숭고'의 개념을 소환하게 된다. 숭고는 감각이 더 이상 대상을 감당할 수 없을 때, 그 감각의 좌절을 이성의 자각과 초월적 판단으로 전환하는 심미적 체험이다. 이것이 칸트적 디카시 창작 과정의 핵심 국면이다. 사진기호는 감각이 직면한 세계의 일면을 제시하지만, 그 이미지를 통해 시인이 언어로 펼치는 문자기호는 단순 묘사를 넘어서서 감각을 초월하는 의미의 깊이를 탐색한다. 이때 디카시 속의 문자기호는 감각을 초과하는 세계를 이성적·시적 사유로 가늠하려는 숭고의 언어가 된다.

이처럼 칸트적 디카시 창작의 내적 구조는 물자체의 흔적을 감각적으로 마주하고, 그것을 시각화한 사진기호를 통해 세계의 압도성을 응시하며, 문자기호를 통해 숭고로 의미화하는 일련의 과정으로 설명할 수 있다. 칸트적 디카시는 감각의 좌절과 이성의 개입이라는 미학의 구조를 구체적 예술 형식으로 구현해 낸 것으로도 볼 수 있다.

3부 존재론과 실존

존재론과 실존도 디카시론화를 위해서는 중요한 철학적 지평이다. 하이데거는 존재의 물음으로써 인간을 세계-내-존재로 규정하였고, 퐁티는 몸의 지각을 통해 세계와의 접속을 강조하였다. 사르트르는 본질에 앞선 실존을 통해 자유와 선택의 책임을 부각시켰으며, 헤겔은 변증법적 생성 속에서 주체와 세계가 끊임없이 형성됨을 보여주었다. 이들의 사유는 디카시가 단순한 감각의 포착이 아니라 존재와 실존의 차원에서 인식됨으로써 사진기호와 문자기호가 그 체험을 담아내는 과정임을 밝혀준다. 이들의 철학담론은 디카시 창작에서 존재와 실존의 경험이 어떻게 멀티언어적 형식으로 드러나는지를 탐구하는 근거가 된다.

Ⅰ. 디카시와 마르틴 하이데거

1. 너는 어떻게 존재하고 있는가

마르틴 하이데거는 20세기 철학의 흐름을 근본에서 뒤흔든 사상가였다. 그의 철학적 의의는 단순히 몇 가지 개념을 제시한 데 있지 않다. 그는 철학이 수 세기 동안 놓치고 있던 질문, 곧 "존재란 무엇인가?"라는 물음을 다시 살아나게 했다. 고대 이후 철학은 존재자, 즉 사물과 현상, 개별적인 것들에 주목했으나, 정작 그것들이 '있다'는 그 사실 자체, 존재의 의미는 소홀히 다뤄졌다. 하이데거는 이 '존재 망각'을 비판하며, 존재를 묻는 일이야말로 철학의 출발점이라고 선언했다.

그에게 인간은 단순히 사고하는 주체나 이성적 동물이 아니다. 하이데거는 인간을 '현존재'라 불렀다. 현존재는 세계 속에 이미 던져져 있는 존재이며, 시간 속에서 자신을 열어가며, 궁극적으로는 죽음을 향해 나아가는 존재다. 그는 인간이 이러한 유한성과 가능성을 자각할 때 비로소 본래적인 삶을 살 수 있다고 보았다. 그러나 대부분의 사람은 익명의 군중 속에서, '세인'이 제시하는 가치와 관습 속에 파묻혀 살아간다. 하이데거는 이를 비본래성이라 불렀고, 그로부터 벗어나는 길은 죽음을 자각하며 스스로 결단하는 것이라고 했다.

후기 사유에서 그는 한 걸음 더 나아가, 서양 형이상학이 존재를 기술적·도구적으로만 이해하는 경향을 비판했다. 기술문명은 세계를 단지 사용할 수 있는 자원으로만 보게 하고, 존재의 본래 의미를 가린다고 경고했다. 대신 그는 예술과 시를 통해 존재가 자신을 드러내는 가능성을 주목했다.

하이데거의 사상은 철학의 초점을 인식에서 존재로, 주체와 객체의 대립에서 세계 속에 놓여 있는 살아 있는 경험으로 옮겼다. 그 영향은 실존주의, 해석학, 현상학, 해체주의, 생태철학 등으로 퍼져나갔다. 그는 철학을 추상적 사유의 장에서 꺼내, 인간이 '여기-지금' 세계 속에서 어떻게 존재하는가를 묻는 실천적 사유로 돌려놓았다.

하이데거의 의의는 존재를 다시 사유하게 만든 데 있다. 그에게서 철학은 책 속의 개념이 아니라, 세계와 마주 서는 방식, 그리고 그 속에서 스스로를 발견하는 방식이다. 그의 사유는 여전히 우리에게 묻는다. "너는 어떻게 존재하고 있는가?"

2. 알레테이아와 에어아이그니스의 기호적 실현

디카시를 하이데거의 존재론으로 정의하면, 그것을 존재가 시인에게 스스로를 드러내는 사건으로 이해하고, 그 형식적 구조를 사진기호와 문자기호의 결합을 통한 존재 진리의 열림으로 이해할 수 있다. 따라서 하이데거적 디카시는 하이데거의 존재론, 특히 Aletheia(진리의 열림)·Ereignis(존재의 사건)을 핵심 개념으로 삼음으로써 시적 충동의 대상인 날시를 통한 존재와의 만남과 시적 응답 과정으로 전개되는바, 존재가 디카시인에게 말을 걸어오는 방식임이 드러난다.

하이데거에게 있어 존재는 실체가 아니라, 드러남 자체이며, 존재는 인간에게 불현듯 말을 걸어오는 방식으로 자기 자신을 사건화한다. 이 존재의 드러남을 Aletheia(진리의 열림)라 부른다.

하이데거적 디카시 창작은 이 존재의 순간 드러남이 '날시'로 감지되는 데서부터 시작된다. 날시란, 존재가 시인에게 말을 걸어오는 순간의 언어 이전의 감각적 형상이다. 날시는 아직 사진기호도 문자기호도 아니다. 그것은 시인이 사물 앞에서 느끼는 존재의 울림의 대상이며, 내면의 시적 전율의 대상이다.

하이데거적 디카시 창작은 존재의 알레테이아가 날시로 감지되는 순간에 시작된다. 하이데거는 진리를 알레테이아(Aletheia), 즉 감춰진 존재가 열려 드러나는 것이라 보았다. 진리는 객관적 정답이 아니라, 존재가 은폐에서 벗어나는 열림의 과정이다. 하이데거적 디카시는 이 알레테이아적 날시에서 시작해 에어아이그니스적 기호화 과정을 실현한다. 존재의 날시적 감응은 사진기호와 문자기호(시적 언술)라는 이중 매체로 드러나는 것이다.

사진기호는 시인이 날시로 감지한 존재의 순간을 시각 이미지로 응축한 형상이다 이는 단순한 재현이 아니라, 존재의 침묵이 시각화된 것이다. 사진은 존재의 '첫 번째 흔적'이자, 언어 이전의 시각적 파토스이다. 문자기호는 사진기호가 환기한 날시의 감응을 시인이 언어화한 응답이다. 이는 사진을 해석하거나 설명하는 것이 아니라, 존재의 울림을 언어의 리듬과 상징으로 열어가는 시적 수행이다.

하이데거적 디카시는 사진기호와 문자기호가 결합하여 존재의 알레테이아를 수행하는 구조이다. 사진은 존재의 침묵이고, 시적 언술은 그 침묵의 목소리이다.

식구들 발길에 채일 때는 꼬딱없더니
일가족 떠나고 나니 오히려 문턱이 허물어지네
나부끼던 공과금 고지서도 끊긴 지 오래
담장에 번자수는 하릴없이 선명하다 하였더니
봄마다 벌 나비 배달부 찾아오는 꽃의 주소였네

— 반칠환 디카시 「꽃의 주소」

하이데거 철학에서 시는 단순한 언어 예술이 아니라, 존재가 스스로를 드러내는 방식이자 진리의 집이다. 위의 작품도 이러한 하이데거적 의미에서 존재의 시학을 구현하는 디카시라 할 수 있다. 작품의 출발점은 시인의 의도가 아니라, 존재가 먼저 시인에게 말을 거는 순간이다. 허물어진 담벼락 틈에서 피어난 꽃은, 주변의 침묵 속에서 단호하게 "나는 여기 있다"라고 속삭인다. 하이데거가 말하는 '존재의 호출'이자, 디카시 창작론에서의 시적 충동의 대상인 날시 포착의 순간이다.

시인은 사유 이전의 감각적 울림을 외면하지 않고 받아들이며, 사진기호로 존재의 출현을 고스란히 포착한다. 사진 속 푸른 철문과 갈라진 콘크리트, 그 틈새를 뚫고 선 꽃은 은폐와 비은폐가 맞닿는 장면을 담고 있다. 인간이 떠난 자리, 문턱이 허물어진 공간은 사라짐과 비어있음을 말하지만, 그 빈자리를 채운 꽃은 존재의 새로운 열림을 증언한다. 하이데거가 '알레테이아'라 부른 진리의 순간이 바로 여기서 시각화된다.

문자기호는 이 시각적 포착을 해석으로 전환한다. 시인은 "봄마다 별나비 배달부 찾아오는 꽃의 주소였네"라고 마무리하며, 이 장소를 단순한 공간이 아니라 관계와 의미가 살아 있는 주소로 명명한다. 하이데거에게 언어는 존재의 집이며, 시인은 그 집의 거주자다. 문자기호를 통해 시인은 존재의 울림을 머물게 하고, 그 진리를 말 속에 거처하게 한다.

이 작품에서 날시는 존재가 스스로를 드러내는 호출이고, 사진기호는 그 드러남을 감각적으로 붙잡은 기록과 함께 그 드러남에 의미와 관계를 부여한 문자 기호의 해석으로 에어아이그니스적 기호화 과정이 이뤄진다. 이 세 층위가 결합될 때, 작품은 단순한 묘사가 아니라 존재의 시학이 된다. 하이데거의 말처럼, 시는 존재를 거주하게 하는 방식이다. 이 작품은 꽃이라는 작은 존재가, 버려진 문턱을 새롭게 의미화하며, 존재가 이미지와 문자 속에서 살아 숨 쉬게 되는 과정을 보여주는 시적 사건이다.

아버지 가신 해부터 왔어.
손마디 저려서 안 뽑았더니
해마다 똑같은 얼굴로 와.

– 이정록 디카시 「꽃양귀비」

이 작품의 담벼락 곁에 핀 꽃양귀비는 평범한 풍경처럼 보인다. 그러나 시인의 눈길 속에 그것은 단순한 식물이 아니라, 아버지의 부재와 맞닿은 특별한 표정으로 알레테이아적 존재의 열림으로서의 날시가 시적 충동으로 다가온다. 사진에 담기고 짧은 문자로 새겨진 순간, 꽃양귀비는 시인과 깊이 얽히는 사건이 된다. 하이데거가 말한 알레테이아와 에어아이그니스가 이 작품 안에서도 구현되는 것이다.

알레테이아는 하이데거가 규정한 진리의 본질, 곧 존재의 드러남이다. 꽃양귀비는 그저 땅에서 자라난 자연물이었지만, 시인의 시선 속에서 "아버지 가신 해부터 왔어"라는 언어로 그 드러남을 표현한다. 은폐 속에 있던 꽃이 단순한 생물학적 대상이 아니라, 아버지의 부재와 시간의 층위를 증언하는 상징으로 모습을 내민 것이다. 그 순간, 단순한 꽃이 아니라 진리의 한 얼굴이 된다.

그러나 진리는 드러나는 것으로만 끝나지 않는다. 그것은 인간에게 다가와 관계를 맺고, 인간 안에서 다시 살아난다. 하이데거가 말한 에어아이그니스는 바로 이러한 존재와 인간의 사건적 만남이다. "손마다 저려서 안 뽑았더니/ 해마다 똑같은 얼굴로 와"라는 구절에서도 그 만남을 목격할 수 있다. 시인은 꽃을 제거하지 않고 남겨두었고, 그 선택은 해마다 반복되는 귀환을 불러왔다. 꽃은 똑같은 얼굴로 돌아오며, 시인에게 아버지의 기억을 환기시키는 사건으로 도착한다. 꽃과 시인의 관계는 이제 단순한 관찰자가 아니라, 서로를 자기 것으로 맞이하는 깊은 사건이 된다.

이 모든 과정은 시적 충동의 대상으로서의 알레테이아적 날시에서 비롯되었다. 꽃을 바라보는 순간 불현듯 찾아온 감응의 알레테이아적 날시를 향해 셔터를 누르게 했고, 이어 간명한 언어로 기록하게 했다. 사진기호와 문자기호는 그 충동을 구체화하며, 존재와 인간의 만남을 하나의 작품 속에 붙잡아 두었다. 바로 여기에서 디카시의 문화적 의미가 선명해진다. 디카시는 알레테이아적 드러남을 포착하고, 에어아이그니스적 사건으로 형상화하는 예술적 장르라는 것이다.

이 작품은 단순한 추억담도, 자연 사진도 아니다. 그것은 존재가 드러나고, 인간과 사건적으로 맺어지는 철학적 구조를 예술로 구현한 하나의 사례다. 담장 곁에 피어난 붉은 꽃은, 이제 아버지의 부재와 기억을 증언하는 진리의 상징으로 서 있다. 그리고 시인은 그 꽃을 맞이하며, 언어와 이미지 속에서 존재와 마주 선다. 하이데거적 디카시가 지닌 힘은 바로 여기에 있다.

3. 존재의 드러남과 만남

하이데거의 철학, 특히 알레테이아와 에어아이그니스 개념을 디카시에 적용하는 것은 단순한 철학적 해석을 넘어, 디카시의 본질을 밝히는 중요한 의미를 지닌다.

하이데거 철학을 디카시론으로 끌어오는 의의는, 디카시를 단순히 '사진+시'라는 혼성 장르로 이해하는 차원을 넘어, 존재의 드러남과 만남을 매개하는 새로운 예술적 사유 체계로 정립하는 데 있다.

하이데거적 디카시는 알레테이아적 날시를 순간 포착하고, 그것을 에어아이그니스적 사건으로 기호화하는 예술이다. 이는 디카시를 단순한 미학적 형식에서 철학적·존재론적 차원으로 격상시키며, 현대 예술론 속에 독자적 위상을 세우는 길이 된다.

Ⅱ. 디카시와 모리스 메를로퐁티

1. 몸의 철학자 메를로퐁티

메를로퐁티는 철학의 눈을 머리에서 몸으로 옮긴 사상가다. 데카르트 이래 서양 철학은 정신과 물질을 나누어 사유해 왔지만, 그는 그 경계를 허물었다. 인간은 세계를 단순히 생각으로 인식하는 것이 아니라, 숨 쉬고 걸으며 만지는 살아 있는 몸을 통해 경험한다. 이 몸은 단순한 물리적 껍질이 아니라, 세계와 내가 만나는 최초의 장소다.

그의 대표작 『지각의 현상학』은 후설의 현상학을 계승하면서도, 지각을 추상적 의식이 아닌 신체적 체험으로 풀어냈다. 눈이 본다는 것은 단순히 빛을 받아들이는 것이 아니라, 몸 전체가 세계 속에 참여하는 사건이다. 손끝의 감촉, 발바닥의 압력, 시선이 머무는 방향까지, 지각은 몸과 세계가 서로 스며드는 과정이다.

메를로퐁티는 예술과 언어, 정치의 장에서도 이 통찰을 확장했다. 세잔의 그림에서 그는 눈앞의 풍경이 물질로 그려지는 순간을, 시 속에서 언어가 감각의 새로운 피부가 되는 장면을 포착했다. 후기에는 '살(flesh)' 개념을 통해 인간과 세계가 하나의 거대한 촉감의 그물망 속에서 서로를 구성한다는 사유에 이르렀다.

철학사적으로 그는 몸의 철학자다. 실존주의와 구조주의의 틈새에서, 그는 인간을 세계와 단절된 고립된 주체가 아니라, 세계 속에 이미 거주하며 호흡하는 존재로 그려냈다. 이로써 현대철학은 신체성, 감각, 관계성을 중심으로 재편될 수 있는 길을 얻었다.

만약 시인이 날시를 포착하는 순간을 메를로퐁티가 본다면, 그것은 단순히 머리로 떠오른 영감이 아니라, 몸이 먼저 세계의 울림을 받아들이는 사건이라 할 것이다. 그의 철학은 그렇게 시인과 세계, 몸과 존재를 잇는 다리가 된다.

인간은 세계를 머리로 이해하기 전에 몸으로 먼저 받아들인다. 철학자 메를로퐁티는 "생각하기에 앞서 세계 속에 던져진 존재"이며, "몸은 세상을 향한 열린 창"이라고 말한다. 인간 존재는 근본적으로 육체적 존재이며, 이 세계와의 모든 만남은 몸을 통해 이루어진다는 그의 통찰은 디카시 창작 원리와도 본질적인 접점을 이룬다.

2. 몸의 감각적 선지각에서 시적 외화로

디카시의 창작 동기나 출발점은 지적 사유나 정서적 반응 등 다양할 수 있다. 그중에서도 몸의 감각적 지각을 통해 날시가 포착되는 창작은 시인이 존재와 접속하는 또 하나의 방식이다.

메를로퐁티적 디카시는 자연이나 사물과 마주한 시인의 몸이 순간적으로 감응하고, 그 감응이 기호로 외화되어 생성되는 지각 기반의 시적 사건일 수도 있는 것이다. 메를로퐁티적 디카시도 사진기호와 문자기호가 결합된 멀티언어적 서정 양식이다. 그러나 이 결합은 단순히 시각적 이미지와 언어를 병치하는 것이 아니라, 시인이 세계를 감각적으로 지각하고 그것을 감응의 사건으로 표현하는 창작의 여정이다. 이 과정에서도 결정적인 것은 날시다. 시인의 몸이 사물이나 풍경 속에서 갑자기 '무엇인가'를 체감하게 하는, 말 이전의 지각적 진동을 유발하는 그 무엇이 날시다. 이 지각적 떨림은 퐁티가 말한 "의미 이전의 의미", "세계가 말 걸어오는 순간"일 수도 있다.

메를로퐁티에게 세계는 객체가 아니라 지각 속에서 자신을 드러내는 '살'이다. 시인은 이러한 세계의 살과 자신의 몸이 교차하는 지점에서 창작의 동기를 얻는다. 시인은 자신의 몸을 통해 세계가 스스로를 드러내는 '몸의 언어'인 날시를 포착하고 스카트폰 내장 디카로 찍는다. 메를로퐁티적 디카시의 사진기호는 이렇게 세계와 몸의 관계에서 발생한 감각의 응축물이며, 이어지는 문자기호는 그 응축된 느낌을 언어로 번역하는 '지각의 해석'이다.

이처럼 메를로퐁티적 디카시는 감성과 이성, 몸과 언어, 세계와 인간이 서로 침투하는 과정의 예술이다. 이와 같이 메를로퐁티 철학은 이러한 디카시의 창작 과정을 철학적으로 정당화하는 사유의 틀을 제공한다. 그에게 있어 모든 인식은 몸으로부터 시작되며, 예술은 세계의 의미가 드러나는 방식 중 가장 순수한 형태다. 메를로퐁티적 디카시도 그와 마찬가지로, 날것의 세계가 감각의 파동을 타고 시인의 내면에 침투한 뒤, 사진과 언어라는 기호의 이중주로 구체화되는 예술 형식이다.

구비길 돌아 정상에 올라보니
비로소 조금씩 보이는 내 몸의 굽은 길
해가 저물어도 보이는구나
누군가 벗어든 신발을 천천히 내려놓고,

— 박명용 디카시 「도마령에서」

    이 작품은 도마령의 구불구불한 고갯길이 멀리 굽이치며 이어져 있는 풍경이 담겨 있다. 이 사진기호는 단순한 지형 정보가 아니라, 몸으로 체험한 세계의 감각적 구조를 시각화한 형상이다. '길'은 시인의 몸이 지나온 실제적 경험의 궤적이자, 존재의 흔적이다. 메를로퐁티의 관점에서 이 사진은 세계가 단지 '객관적 대상'이 아니라, 몸을 통해 체험되고 구성된 지각의 지평임을 드러낸다.

    문자기호는 "조금씩 보이는 내 몸의 굽은 길"이라고 언술한다. '몸의 길'이라는 표현을 통해 길과 몸이 분리된 것이 아님을 드러낸다. 메를로퐁티 철학에서는 세계는 몸을 통해 살아지는 공간이며, 길은 몸의 연장, 몸이 형성한 세계의 흔적이다. "해가 저물어도 보이는구나"는 시각이라는 단일 감각을 넘어, 시간성·정서·빛의 변화를 함께 포착하고 있다. 이는 메를로퐁티가 말한 지각의 총체성(다감각성, 통합적 감응)의 구현이다. "누군가 벗어든 신발을 천천히 내려놓고,"라는 이 표현은 추상적 설명이 아니라, 몸이 지각한 풍경의 감각적 환기이다.

메를로퐁티의 지각 개념에서 중요한 것은 '보는 것'이 아니라 '느끼는 것', 즉 세계가 몸을 통해 침투하는 방식이다.

이 작품은 시인이 도마령 고갯길을 오르며 몸 전체로 세계를 감각적으로 지각하고, 지각된 감응의 대상인 날시를 사진기호와 문자기호로 멀티언어화한 작품이다. 메를로퐁티 철학으로 보면, 이 작품은 이성이 아니라 몸이 세계와 접속하여 존재를 드러내는 시적 지각의 실현이며, 몸이 기억하고 살아낸 세계를 시적으로 응축한 '몸의 시학'의 한 구현이다.

일생 동안 묵언했다
태어난 자리가 무덤이다

단 한 번도 누군가를 짓밟아 본 적 없다

– 이대흠 디카시 「나무 성자」

이 작품은 길 위에 우뚝 서 있다가 잘려 나간 나무의 그루터기는 단순한 잔해가 아니라, 세계가 시인에게 말을 걸어오는 방식이다. 시인은 바로 그 순간을 붙잡는다. 메를로퐁티의 철학으로 이 과정을 들여다보면, 몸을 통해 세계와 얽히며 존재의 의미를 새로 쓰는 시학을 발견한다.

메를로퐁티는 인간을 고립된 의식으로 보지 않았다. 그는 우리가 언제나 몸으로 세계 속에 거주하는 존재라고 보았다. 세계는 눈앞의 대상이 아니라, 나와 얽혀 있는 살의 스페이스이다. 시인이 길 위에서 마주한 잘려진 나무 역시 단순한 사물이 아니라, 시인의 몸에 울림을 주는 현상으로 다가왔다. 눈으로 본 그루터기, 발로 밟는 길의 감촉, 고요히 둘러싼 숲의 기운까지. 이 모든 요소는 시인의 몸을 통과하여 하나의 '날시'로 포착된 것이다.

그 순간 나무는 더 이상 나무가 아니다. 침묵의 그루터기는 시인의 지각 속에서 성자적 존재로 변모한다. 시인은 "일생 동안 묵언했다/ 태어난 자리가 무덤이다// 단 한 번도 누군가를 짓밟아 본 적 없다."라고 문자기호화했다. 이는 단순한 묘사가 아니라, 세계와의 감각적 교섭을 통해 솟아난 존재 해석이다. 잘려 생명을 다한 나무는 인간의 언어 속에서 비로소 윤리적, 종교적 차원을 지닌 성자로 새롭게 탄생한다.

메를로퐁티의 철학에서 중요한 것은 지각이 곧 세계와의 대화라는 사실이다. 세계는 언제나 몸에 스며들고, 몸은 그 울림을 의미로 바꾸어낸다. 디카시는 세계의 울림을 몸으로 감각하고, 사진기호와 문자기호로 존재를 드러내는 과정을 가장 잘 보여주는 문학 형식이다.

이 작품은 죽음을 맞은 나무를 통해, 세계가 침묵 속에서 어떻게 말할 수 있는지를 증언한다. 시인은 몸으로 그 침묵을 받아들이고, 언어로 다시 건네며, 독자로 하여금 나무를 성자처럼 바라보게 한다. 이것은 단지 시인의 창작 행위가 아니라, 메를로퐁티가 말한 몸-세계의 상호침투가 예술적으로 구체화된 장면이다.

3. 감각철학적 예술

　메를로퐁티 철학은 인간이 세계를 인식하는 방식이 이성적 사유나 추상적 개념에 앞서 몸을 통한 감각적 지각에 기초함을 강조한다. 이는 디카시 창작 원리와 깊이 맞닿는다. 메를로퐁티적 디카시는 시인이 세계와 마주한 순간, 몸을 통해 감각적으로 지각한 시적 충동의 대상인 날시를 기반으로 사진기호와 문자기호라는 이중 기호체계로 표현하는 멀티언어적 예술이다.

　퐁티의 '지각은 곧 세계의 의미를 체험하는 방식'이라는 통찰은 메를로퐁티적 디카시에서 자연이나 사물 속에서 시인이 감지하는 미세한 울림이 어떻게 텍스트로 형상화되는지를 설명하는 데 철학적 정당성을 부여한다. 이로써 메를로퐁티적 디카시는 단순한 사진과 문자의 결합이 아니라, 지각된 세계의 존재적 의미를 멀티언어로 드러내는 감각철학적 예술로 자리매김할 수 있다.

Ⅲ. 디카시와 장폴 사르트르

1. 사르트르의 실존적 자유의 실천

사르트르의 철학은 무엇보다도 인간에게 주어진 자유와 책임을 가장 극명하게 드러낸 사유라 할 수 있다. 사르트르는 인간이란 애초부터 고정된 본질을 지닌 존재가 아니며, 스스로의 선택과 행위를 통해 자신을 끊임없이 만들어가는 실존적 존재라고 말한다. 무엇보다 사르트르의 철학은 관념 속에 머무르지 않고, 문학과 예술, 정치와 현실 속으로 들어갔다. 그는 소설과 희곡을 통해 실존의 문제를 서사화하였고, 동시에 지식인으로서 시대의 모순에 참여했다. 철학이란 결국 삶과 동떨어진 추상이 아니라, 인간이 살아내는 구체적 현장에서 발현되어야 한다는 것이 그의 입장이었다.

오늘날 사르트르 철학의 의의는 여전히 유효하다. 인간을 자유로운 주체로 이해하고, 그 자유의 무게만큼 책임을 강조하는 그의 사유는 개인주의와 집단주의의 갈등 속에서도 빛을 발한다. 또한 철학을 삶의 실천과 연결시킨 그의 태도는, 지식인의 사회적 책무를 환기하는 강력한 목소리로 남아 있다. 사르트르의 철학은 인간이 스스로를 규정하고 세계와 맞서며, 자유롭게 존재할 수밖에 없는 실존임을 증언하는 철학적 선언이라 할 것이다.

사르트르는 "실존이 본질에 앞선다"고 정의한다. 이 말은 인간이 어떤 '정해진 본질'에 따라 사는 것이 아니라, 먼저 존재하고 나서 스스로를 만들어간다는 의미다. 다시 말해, 인간은 처음부터 의미를 부여받지 않았으며, 어떤 신도, 본성도, 운명도 삶을 대신 정해주지 않는다. 그러므로 인간이 내리는 모든 선택은 그 자체로 세계를 향한 선언이 된다.

이런 자유는 단순한 선택의 문제가 아니다. 그는 "우리는 자유롭지 않을 수 없는 존재"라고 말한다. 설령 우리가 선택하지 않겠다고 선택해도, 그것조차 하나의 선택이다. 인간은 항상 의미를 만들고, 행동의 책임을 져야 하며, 그 결과로부터 도망칠 수 없다. 이처럼 책임이 따르는 자유, 그것이 사르트르가 말하는 실존적 자유다.

사르트르의 실존주의에서 자유는 고립된 개인의 자율성이 아니라, 타자와의 관계 속에서 드러나는 윤리적 요청이다. 그는 '타인은 나의 지옥'이라고 말하지만, 그것은 타인이 나의 자유를 제약한다는 의미만은 아니다. 오히려 타인의 시선 속에서 자신을 반성하게 되며, 나의 존재를 재구성한다. 즉, 타인은 나를 투명하게 만들며, 자유를 더욱 분명히 인식하게 하는 계기가 된다.

그러나 이 자유는 불안과 함께 온다. 어떤 고정된 진리나 권위에 의존하지 않고 살아가야 하기 때문이다. 사르트르는 이를 '앙가주망(engagement)', 즉 참여라는 개념으로 확장한다. 인간은 정치, 윤리, 예술, 사랑, 모든 삶의 영역에서 적극적으로 선택하고 행동해야 한다. 이때 자유는 추상적인 개념이 아니라, 구체적인 현실 안에서 자신을 던지는 행위가 된다.

그의 극작 『닫힌 방』에서 세 인물은 지옥 속 방에 갇혀 있다. 그들은 고문도 불도 없지만, 서로의 시선 속에서 끝없이 자신을 변호하고 해명하며 살아간다. 이 장면은 인간의 자유가 얼마나 고독한 것인지, 그리고 그 고독 속에서도 여전히 선택하고 있다는 사실을 보여준다.

오늘날 인간은 얼마나 자유로운가? 아니, 인간은 자유를 얼마나 진지하게 감당하고 있는가? 사르트르는 말한다. "당신의 삶은 당신이 선택한 것이다. 이제 그에 대해 책임져라." 이 말은 차가운 명령처럼 들릴 수 있지만, 역설적으로 인간에게 주어진 가장 따뜻한 신뢰이기도 하다. 인간은 규정되지 않았기에, 무한히 변화할 수 있고, 무한히 책임질 수 있다. 그것이 사르트르가 말한 실존적 자유의 본질이다.

2. 날시와의 조우로 실현되는 실존적 행위

디카시는 사진기호와 문자기호를 결합한 멀티언어 예술로, 디지털 시대에 맞는 새로운 서정 형식으로 주목받고 있다. 이 창작 행위를 사르트르의 실존적 자유론과 연결해 해석할 경우, 사르트르적 디카시 창작은 단지 감각적 표현을 넘어서 자기 존재를 구성하고 책임지는 실천적 행위로 해석될 수 있다.

사르트르적 디카시가 시적 충동의 대상으로 날시를 발견하고 해석하는 것은 자기 존재의 실천이다. 날시는 세계에 이미 주어진다고 단순하게 말할 수도 있지만, 본질적으로는 창작 주체가 세계를 감각하고 의미화함으로써 구성되는 시적 형상으로 창작자의 선택이고 해석의 산물이다. 사르트르적 디카시 창작자가 자연, 사물에서 순간, 날시를 감각적으로 발견하고 존재론적으로 해석하는 경우, 이는 사르트르가 말한 자유로운 의미 구성의 실천이 된다. 여러 자연 현상이나 사물 중 하나를 고르고, 그 순간을 찍고 수많은 표현 중 한 줄을 선택하는 과정이 숙고와 자각을 동반할 때, 이는 단지 기술적 선택이 아닌 실존적 선택이다.

금지된 상상은 금지구역을 만든다
산책길에서 만난
그들의 영토엔 철조망 대신 자유가 있다

– 이달균 디카시 「멧돼지 목욕탕」

이 작품은 숲속의 작은 진흙 웅덩이가 시인에게 날시로 포착돼, 시인은 그것을 '멧돼지의 목욕탕'으로 인식하며 전개된다. 사진 속 장면은 단순히 흙탕물과 숲길을 보여줄 뿐이지만, 시인은 그 순간을 사유와 상상력으로 확장한다. 그 웅덩이는 곧 멧돼지의 삶의 흔적이자 자유의 공간으로 탈바꿈한다.

여기서 주목되는 것은 "금지된 상상은 금지구역을 만든다"는 구절이다. 이는 인간이 만들어낸 제약과 경계를 의미한다. 문명은 질서를 세우지만 동시에 금지를 만든다. 그러나 멧돼지의 세계는 다르다. 그들은 철조망이나 규제 없이, 순간의 필요와 충동에 따라 웅덩이를 삶의 공간으로 전유한다. 인간이 보기에 그것은 단순한 진흙탕일 수 있으나, 멧돼지에게는 생존과 자유의 현장이다. 시인은 이를 통해 금지의 울타리를 걷어내고, 본질보다 앞서는 실존의 활력을 포착한다.

멧돼지의 생태로 존재가 미리 주어진 본질이나 규정에 묶이지 않고, 구체적 상황 속에서 자기 자신을 만들어내는 실존을 비유적으로 제시한 것이다. 멧돼지에게 '목욕하는 동물'이라는 본질은 애초에 주어지지 않았다. 그러나 숲길에 생긴 웅덩이를 찾아 몸을 뒹구는 순간, 멧돼지는 자기 존재를 새로운 방식으로 규정한다. 존재는 미리 정해진 틀에 들어맞는 것이 아니라, 매번의 선택과 행위로서 구성된다. 이 점에서 멧돼지의 웅덩이는 단순한 장소가 아니라 실존이 발현되는 장이 된다.

시인이 그 장면을 포착해 '목욕탕'이라 명명한 순간, 디카시는 사진과 언어의 결합을 넘어 존재론적 통찰을 불러온다. 사진은 사물을 보여주지만, 시적 언술은 그 사물에 의미와 자유를 부여한다. 독자는 '멧돼지 목욕탕'을 통해 자신의 삶을 되돌아본다. 우리 역시 사회가 만든 수많은 금지와 규정, 즉 '금지구역' 속에서 살아간다. 그러나 사르트르가 말했듯, 인간은 본질에 갇힌 존재가 아니라 실존으로 스스로를 빚어가는 자유로운 존재다. 금지의 울타리를 벗겨낼 때, 비로소 삶은 자유롭게 열린다.

이 작품은 단순한 자연 관찰의 기록을 넘어, 존재가 자유롭게 자신을 창조하는 실존적 현장을 드러낸다. 멧돼지의 뒹굴림은 구속에서 해방된 자유의 몸짓이며, 시인은 그 자유를 발견해 독자에게 전한다. 이는 사르트르의 철학이 강조하는 실존적 결단의 장면과도 겹쳐진다. 결국 이 디카시는 우리에게 묻는다.

"너는 어떤 금지구역 속에 스스로를 가두고 있지 않은가? 그리고 그 울타리를 넘어 자유를 선택할 용기가 있는가?"

인간 존재는 일상의 금지를 넘어 자유를 스스로 선택할 수 있다. 사진과 언어가 만난 이 디카시는, 삶의 실존적 결단을 촉구하는 하나의 거울이다.

빛살이 어둠이 폐부를 꿰매고 있다
머잖아 대명천지가 잉태될 것이라 했다
– 최광임 디카시 「버튼홀스티치」

　이 작품은 어둠 속의 신비로운 불빛을 날시로 포착해 시적 충동을 느껴 스마트폰 내장 디카로 찍고 "빛살이 어둠의 피부를 꿰매고 있다// 머잖아 대명천지가 잉태될 것이라 했다."라고 문자기호화 한다. 이 작품은 형상적으로는 사진 속 어둠을 관통하는 실핏줄 같은 빛의 궤적을, 의미적으로는 어둠의 균열을 꿰매는 행위와 미래적 희망의 서사를 담고 있다.

　그런데 이 장면은 단순한 감각의 재현이 아니라, 세계의 부재·상처·침묵에 직면한 시인의 실존적 상황이다. 시인은 어둠을 마주하는 수동적 관찰자가 아니라, 그 어둠을 어떻게 인식하고 의미화할 것인가를 스스로 결정해야 하는 실존적 주체로 위치된다. 사르트르에 따르면 인간은 자유로운 존재이지만, 그 자유가 불편하고 고통스럽기 때문에 자신이 자유롭지 않다고 믿으며 책임을 회피하는 자기기만의 태도에 빠진다. 이것이 바로 '나쁜 믿음'이다.

　사르트르적 디카시 창작자는 단순히 자연을 '받아적는' 존재가 아니라, 그 장면에 실존적으로 응답하고, 언어로 구성하며, 그 의미에 책임지는 존재여야 한다.

이 작품의 화자는 이 어둠을 두려워하지도, 피하지도 않는다. 그는 빛을 '꿰맴'이라는 적극적 언어로 형상화함으로써, 부재와 상처를 봉합하고 미래를 잉태하는 실천을 감행한다. 이는 단순한 묘사가 아니라, 세계에 대한 해석과 응답, 창작자의 실존적 선택과 결단의 결과다. "대명천지가 잉태될 것이라 했다."는 것은 단순한 예언이 아니다. 어둠 속에서도 가능성과 희망을 읽어내는 시인의 주체적 해석이며, 그 해석에 대해 책임을 지는 창작자의 윤리적 실존이다.

이 작품은 세계의 침묵과 어둠 앞에서 자신의 감각을 언어로 꿰매는 실존적 결단이다. 이는 사르트르가 말한 '나쁜 믿음'의 유혹을 넘어서 자유롭고 책임 있는 창작 주체로서 살아가는 시인의 선언이다. 따라서 단순한 이미지 해석이 아니라, 세계에 대한 해석적 개입이며, 시인의 존재론적 실천이다.

3. 자기 존재의 창조적 증명

사르트르적 디카시는 일상에서 마주치는 세계를 존재의 계시로 감각하고, 그 순간적 충동을 유발하는 날시를 디지털카메라로 포착한 후, 문자기호로 짧게 표출한다. 이 창작 과정은 고정된 미학이나 규범이 아닌 자유로운 존재자로서의 시인이 순간순간 세계와의 관계 속에서 자기 삶과 감각을 표현해 나가는 과정이며, 이는 곧 사르트르가 말한 실존적 자유의 실천에 해당한다.

사르트르적 디카시는 단순한 디지털 서정 양식이 아닌, 존재에 대한 자유로운 응시와 선택, 책임 있는 표현의 형식, 나아가 자기 존재의 창조적 증명으로 볼 수 있게 된다. 이는 디카시가 디지털 시대의 표피적 이미지 소비를 넘어서, 존재와 자유의 철학적 층위로까지 확장될 수 있는 이론적 기반을 제공한다.

사르트르적 디카시 창작자는 날시로 촉발된 디카시 쓰기를 통해 무의미한 세계에 의미를 부여하고, 자기 존재를 구성한다. 사르트르적 디카시 창작 행위는 창작자가 세계를 감각하고, 거기에 의미를 부여하며, 자기 존재를 구성할 때 실존적 자유의 실천이 된다.

Ⅳ. 디카시와 게오르그 빌헬름 프리드리히 헤겔

1. 헤겔 변증법의 구조

인간은 단지 세계를 경험하는 존재가 아니다. 인간은 세계를 사유하고, 그 속에 스스로를 투사하며, 그로부터 다시 자기를 반성하는 존재다. 이러한 사유의 고양은 단순한 지적 탐구를 넘어, 세계와 자아의 본질을 향해 나아가는 정신의 자기 실현 과정에 다름 아니다. 헤겔의 철학은 이 정신의 여정 전체를 철저한 논리로 구성한 시도이며, 그 핵심은 변증법과 그것의 귀결인 절대정신(absolute spirit)의 개념에 있다.

헤겔 철학에서 가장 근본적인 통찰은 진리가 정태적 실체가 아니라, 내재적 모순의 운동을 통해 스스로를 성립시키는 과정이라는데 있다. 세계는 단순히 '있는 것'이 아니라, 스스로 '되어 가는 것'이다. 이러한 존재의 운동은 단순히 외적인 변화나 경험의 누적이 아니다. 그것은 존재가 자기 안에 필연적으로 내포하고 있는 부정성에서 비롯된다.

헤겔의 변증법은 흔히 '정(thesis) – 반(antithesis) – 합(synthesis)'으로 단순화되지만, 보다 정확히는 자기 동일성의 부정과, 그 부정을 다시 통합하는 더 높은 차원의 자기 동일성으로의 상승이다. 이 과정에서 모순은 제거되어야 할 장애가 아니라, 오히려 정신이 진리로 나아가는 동력이다. 부정은 해체가 아니라 생성이며, 파괴가 아니라 형성이다.

예컨대 자아는 세계와의 대립을 통해 자기 자신을 인식하고, 자유는 법과 도덕의 제약을 통해 그 실질을 획득하며, 역사 속의 갈등은 그 자체로 이성이 자기 자신을 전개해 가는 무대가 된다. 여기서 헤겔의 유명한 명제를 기억하게 된다. "부정은 긍정의 외피다."

이러한 변증법적 운동의 종착점이 바로 절대정신이다. 절대정신은 단순히 최고 존재나 신적 실체가 아니라, 자기 자신을 사유하고 인식하는 정신의 궁극적 형식이다. 즉, 그것은 변증법적 운동을 통해 자기의식을 완성한 정신이며, 자기 외부의 세계를 거쳐 다시 자기 자신에게 되돌아온 반성적 전체성이다.

즉, 절대정신은 단순한 총합이 아니라, 변증법적 운동 전체를 내면화한 자기 반성적 주체이며, 이 주체는 오직 철학적 사유를 통해 자신을 완전히 파악할 수 있다. 여기서 진리는 존재하는 것이 아니라 자기를 아는 정신 속에서만 실현된다는 철학적 인식론의 절정에 이른다.

변증법과 절대정신은 분리된 개념이 아니다. 변증법은 절대정신이 스스로를 실현해 가는 내적 논리이며, 절대정신은 변증법의 필연적 귀결이다. 이 운동의 최종 단계에서, 정신은 더 이상 외적 대상을 통해 자신을 매개하지 않고, 오직 자기 자신의 개념을 통해 자기 자신을 이해하는 자율적 주체로 완성된다.

절대정신은 세계의 본질적 구조를 사유하는 이성의 자기규정이며, 그것은 단지 형이상학적 관념이 아니라, 역사와 문화, 예술과 철학을 통해 구체화되는 현실의 논리이기도 하다. 이러한 정신의 자기실현은 개별 인간의 사유와도 무관하지 않다. 왜냐하면, 개인의 사유는 곧 보편정신의 한 국면으로서, 세계 전체의 자기이해에 참여하는 행위이기 때문이다.

2. 의미 생성의 변증 구조

헤겔적 디카시도 단순한 사진과 시의 결합이 아니다. 그것은 시인이 자연이나 사물 앞에서 느낀 시적 충동의 대상인 날시를 출발점으로 삼아, 이를 사진기호와 문자기호라는 이질적 기호 체계로 동시에 발화하는 변증법적 예술양식이다. 이러한 창작 과정은 어떤 경우에는 헤겔 철학의 핵심인 정-반-합의 변증법적 창작 원리로 궁극적으로는 절대정신의 예술적 구현으로 자리한다.

날시는 인간 이성이나 감성 이전의 감각적 층위에서 세계의 본질을 직감하는 순간에 포착된다. 이때 시인은 사물이나 풍경 속에서 몸으로 감각된 세계와 직접적으로 조우하며, 그 자체가 절대정신의 '씨앗'을 품은 것이다. 헤겔의 관점에서 절대정신은 처음에는 외부 세계에 무지한 '즉자적 자아'에서 출발하지만, 타자와의 대립과 매개를 통해 점차 자기인식을 확장해 나간다. 헤겔적 디카시 창작의 초기 충동의 대상, 즉 날시는 바로 이 '즉자적 직관'에서 드러난다.

이후 시인은 이 날시를 사진기호로 표상한다. 사진은 디지털카메라의 기계적 매개를 통해 외부 세계를 사유 없이 포착한 듯 보이지만, 실은 시인의 의식과 감정, 시선을 통해 세계를 구성한 것이다. 이것은 헤겔 변증법에서 말하는 '정'의 자리이며, 날시의 최초 형상화이다.

이에 대한 '반'은 문자기호다. 시인은 사진으로 포착한 이미지에 대해 언어로 다시 반응한다. 그러나 이 언어는 단순한 사진 해설이 아니다. 문자기호는 '정서적 진동'에 대해 시인이 또다시 자기 내면을 응답시키는 텍스트이다. 이 응답은 때로 반역이고, 때로는 보충이며, 때로는 전혀 다른 감각의 층위로 나아간다. 문자기호는 사진기호를 되비추며 새로운 의미의 파장을 만든다.

  사진기호와 문자기호가 상호텍스트적으로 교직되는 순간, 디카시는 단순한 이미지와 언어의 병렬을 넘어선다. 이 상호작용은 정과 반이 긴장 속에서 맞부딪히는 변증법적 과정을 거쳐, 합의 자리에서 하나의 시적 총체로 탄생한다. 이 총체는 단지 이미지나 언어가 아닌, 의식이 세계를 감각하고 사유하여 표현한 '절대정신'의 예술적 형상이라 할 수 있다.

  헤겔에 따르면 예술은 절대정신의 외화 방식 중 하나이다. 절대정신은 자연(자연정신), 사회(객관정신), 그리고 주체의 자각(절대정신)을 통해 완성되며, 예술은 절대정신이 '감각적 외연 속에서 진리를 드러내는' 방식이다. 디카시에서 사진기호는 감각적 외연을 제공하고, 문자기호는 진리의 언어적 층위를 드러낸다. 둘은 하나의 '작품' 안에서 만남으로써 절대정신은 예술이라는 이름으로 드러난다.

  헤겔적 디카시의 날시는 감각적 절대정신의 맹아가 사진기호와 문자기호라는 매개를 통해 스스로를 인식하고 형상화하는 과정이다. 이처럼 헤겔적 디카시는 단순한 매체 융합을 넘어, 감각-표상-사유가 융합된 절대정신의 현대적 예술 형식으로 자리매김할 수 있다. 디지털 시대의 시인이 존재하는 방식, 그리고 세계와 사유하는 방식은 바로 이 헤겔적 디카시라는 변증법적 실천 속에 구현되고 있다.

새벽이 잠을 깬다
요褥자리에는 그의 몸무게만큼
움푹 눌리고
어느새 세수한 새벽이 지구를 연다

– 김규화 디카시 「향일암 일출」

  이 작품은 아침 해가 바다 위로 떠오르는 순간, 시인은 언어도 개념도 붙지 않은 순수한 직관과 감각의 상태에 잠긴다. 이때의 시적 충동을 유발하는 날시 포착 경험은 정반합 이전의 절대정신의 씨앗이다. 절대정신이란 헤겔 철학에서 인간 정신이 자기 자신과 세계를 변증법적으로 통합하여 도달하는 최고 단계의 의식이 아닌가. 그것은 주관과 객관, 개별과 보편, 현상과 본질이 더 이상 분리되지 않는 통일의 경지다. 하지만 여기서 말하는 씨앗 단계의 절대정신은, 이미 완성된 자각이라기보다 통일의 가능성을 온전히 품고 있는 원초적 경험이다. 시인이 느낀 시적 충동의 순간은 세계가 자신과 하나라는 사실을 무의식적으로 느끼는 자리이기도 하다.

  이 원초적 충동은 구체화를 향해 나아간다. 시인은 셔터를 눌러 일출을 사진기호로 고정한다. 이것이 '정'이다. 사진은 순간의 감각을 시각적 이미지로 응결시키며, 날시를 물질화한 첫 형태다. 그러나 이 형상화는 동시에 절대정신의 씨앗에 깃든 총체적 경험을 한 측면으로 제한한다.

  그 한계를 넘어서는 것이 '반'이다. 시인은 사진이 전하지 못한 세계를 문자기호로 풀어낸다. "새벽이 잠을 깬다", "지구를 연다"는 구절은 장면을 시간적·의미적 맥락 속에 다시 놓으며, 사진이 포착하지 못한 울림과 해석을 부여한다. 문자기호는 사진의 정적 한계를 해체하고, 시인의 내면과 사유를 흐르게 한다.

마침내 사진과 문자는 서로를 보완하며 합을 이룬다. 장면과 언어, 감각과 사유가 상호 비추며 탄생한 이 통합물 속에서 시인은 세계와 자아의 분리를 넘어선다. 이는 절대정신의 완성 단계에 해당한다. 하지만 이 완성은 시작과 동일한 것이 아니다. 처음의 절대정신이 무의식적 통합의 잠재성이라면, 텍스트로 드러나는 절대정신은 변증의 과정을 거쳐 자기 자신을 자각한 통일이다.

이 작품의 창작 과정은 절대정신의 씨앗(날시) → 정(사진기호) → 반(문자기호) → 합(사진+문자) → 완성된 절대정신(자각된 통일)이라는 주제적 궤적을 그린다. 항일암의 일출은 단순한 자연현상이 아니라, 시인의 정신이 세계와 스스로를 동일시하며 도달하는 궁극의 자기 인식의 장면이 된다. 이때 절대정신은 단지 철학적 개념이 아니라, 창작의 본질과 목적을 설명하는 주제 그 자체로 현전한다.

그는 차가운 돌 속에 박히기로 했다
사람들은 지나갔다. 멈추었다. 그리고 그를 읽었다
그는 오래도록 지워지지 않는 시가 되었다

— 최금진 디카시 「시인」

이 작품도 정반합의 구조로 파악할 수 있다. 시인은 신비한 시인의 초상 같은 형상에서 시적 충동을 받고 그것을 날시로 포착해 사진기호로 가져 왔다. 사진기호는 자연이 드러낸 풍경으로 돌바닥에 고인 물도 인간의 개입 없이 스스로 형상을 빚어낸 표상으로 드러난다. 이는 우연처럼 보이지만, 자연의 질서와 필연이 결합해 만들어낸 하나의 사건이다. 헤겔의 관점에서 정은 현상 세계의 구체적 사실을 의미하는데, 이 디카시의 사진기호는 자연의 필연이 발현된 구체적 형상을 담고 있어 정에 부합한다. 이 필연성은 개별적 시각을 초월해 누구나 목격할 수 있는 보편적 감각의 장을 제공한다.

그러나 이 자연적 형상은 그 자체로 완결된 의미를 갖지 않는다. 형상을 마주친 사람들의 시선과 인식이 형상에 의미를 부여하며 반(대립)을 형성한다. 여기서 반은 자연(정)과 인간의 의식(반)이 충돌하고 긴장하는 단계다. 특히 "사람들은 지나갔다. 멈추었다. 그리고 그를 읽었다"는 구절은 단순한 관찰을 넘어, 인간 주체의 적극적 해석과 의미화를 보여준다. 이는 단순한 현실을 초월해, 정신이 현실을 반성적으로 사유하는 국면으로 이끈다.

돌바닥의 형상(정)과 해석(반)은 상호텍스트적으로 긴장하며 상호작용한다. 이로써 합(통합) 단계가 이루어진다. 합은 개별적 형상이 사람들의 해석 속에서 "오래도록 지워지지 않는 시"로 자리 잡는 과정이다. 형상은 더 이상 물리적 흔적에 머물지 않고, 감각적 구체성과 관념적 해석을 포괄하는 보편적 의미로 도약한다.

나아가 SNS 등 독자와의 소통 속에서 끊임없이 의미를 확장·갱신함으로써 개별적 흔적이 보편적 예술로 승화되는 것도 간과할 수 없다. 이런 과정은 디카시가 단순한 자연의 기록을 넘어서, 정신이 현실을 통해 절대정신의 예술적 구현으로 드러나고 있음을 잘 보여준다.

3. SNS 상호작용과 절대정신의 구체화

디카시는 SNS를 통해 디지털 공간에서 독자와 실시간으로 공유되며, 독자의 반응(좋아요, 댓글, 재해석)이 피드백된다. 이 과정에서 헤겔적 디카시는 고정된 결과물이 아니라 의미가 지속적으로 재생산·갱신되는 열린 텍스트로 작동하며, 독자는 단순 수용자가 아니라 디카시의 의미 생성에 참여하는 능동적 해석자가 된다.

헤겔적 디카시의 사진기호(정)와 문자기호(반)가 SNS에서 독자와의 소통을 통해 의미를 확장해 가는 과정도 헤겔의 절대정신이 개별 의식들과 상호작용하며 보편적 자기인식으로 나아가는 과정과 구조적으로 일치한다.

4부 욕망과 언어

　욕망과 언어의 문제는 현대 사유의 핵심 축으로, 디카시론화에도 매우 중요한 철학적 기반을 제공한다. 프로이트는 무의식의 욕망이 인간 행위와 표현을 지배한다고 보았고, 소쉬르는 언어를 기호 체계로 정립했고, 라캉은 욕망을 언어 구조 속에서 재해석하며 기표의 운동으로 파악했다. 바르트는 기호의 다성성과 텍스트의 개방성을 강조하였다. 들뢰즈-가타리는 욕망을 결핍이 아닌 생성적 흐름으로 보았으며, 푸코는 권력과 담론을 욕망과 언어를 조직하는 방식을 분석했다. 데리다는 의미의 차연을 드러내며 언어의 끊임없는 미루기를 설명했고, 벤야민은 언어와 이미지 속에 잠재한 아우라와 기억을 탐구했으며, 보드리야르는 시뮬라크르의 시대를 진단했다. 이들의 사유는 디카시 창작에서 날시가 욕망의 충동으로도 발화되고, 역시 사진기호와 문자기호가 언어적·기호적 놀이로도 펼쳐져 SNS라는 다성적 장에서 소통된다는 관점에서도 디카시를 새롭게 조명할 수 있게 한다.

Ⅰ. 디카시와 지그문트 프로이트

1. 무의식적 욕망의 존재

프로이트는 의학자이자 정신분석학의 창시자로 널리 알려져 있지만, 그의 사유는 단순한 심리 치료의 차원을 넘어 철학사 전반에 지대한 영향을 끼쳤다. 그는 인간을 이성적 존재로 전제하던 계몽주의적 인간관을 근본적으로 뒤흔들었다. 데카르트가 "나는 생각한다, 고로 존재한다"라고 선언하며 이성을 자아의 토대로 세웠다면, 이와 반대로 프로이트는 무의식의 지배를 받는 인간은 자기 자신조차 온전히 알지 못하는 존재라는 관점이다. 그의 무의식의 발견은 곧 근대적 주체의 자만을 해체하는 사건이었다.

철학사적으로 프로이트의 공헌은 세 가지 지점에서 두드러진다. 첫째, 그는 무의식의 철학을 열었다. 전통 철학은 자의식과 합리성을 강조했지만, 프로이트는 꿈, 억압, 실수, 증상 등 이성의 틈새에서 나타나는 현상을 탐구함으로써 인간 존재의 심층을 새롭게 조명했다. 무의식은 단순한 심리 현상이 아니라 인간 이해의 지평을 근본적으로 바꾸는 개념이 되었으며, 이후 하이데거, 라캉, 푸코, 들뢰즈 등 수많은 철학자들이 이를 계승하거나 비판하면서 현대철학의 새로운 지형을 만들어갔다.

둘째, 프로이트는 욕망과 문화의 관계를 해명했다. 그는 인간의 욕망을 억압하는 과정에서 문명과 사회가 형성된다고 보았다. 즉 문명은 본능의 충동을 제어하는 대가로 성립하며, 그 억압이 곧 인간 삶의 고통을 낳는다. 이 분석은 윤리학과 정치철학에도 중요한 통찰을 제공한다. 프로이드 이후의 철학은 더 이상 이성과 도덕의 자명성을 전제하지 않고, 욕망의 구조와 사회적 권력 관계를 분석하는 방식으로 나아가게 되었다.

셋째, 프로이트는 예술과 종교 해석의 새로운 지평을 열었다. 그는 예술을 리비도의 승화로, 종교를 집단적 환상으로 해석하면서 전통적 가치 체계에 도전했다. 예술과 종교가 단순한 초월적 영역이 아니라, 무의식과 욕망의 변형된 표현이라는 통찰은 현대 인문학에 심대한 영향을 끼쳤다.

이러한 점에서 프로이트는 심리학자가 아니라 철학적 사상가로 자리매김한다. 그가 제기한 무의식, 욕망, 억압, 승화의 개념은 철학적 인간학을 새롭게 구축했으며, 이성 중심주의를 넘어선 20세기 사상의 전환점을 마련했다.

프로이트적 디카시는 이 억압된 리비도가 일상의 사물과 접속하면서 예술적 충동으로 재구성된 특이한 양식으로도 볼 수 있다.

2. 디지털 언어로 양식화한 승화 구조

디카시는 사진기호와 문자기호의 결합이라는 복합적 양식이지만, 그 출발점은 이미지나 언어가 아닌 '몸의 감각'에서 발생하는 시적 충동이다. 시적 충동의 대상이 바로 '날시'이다. 이 날시는 디카시 창작의 선행 조건으로서, 창작 주체의 내면에서 불현듯 솟구치는 감정적, 감각적 에너지의 분출을 불러일으킨다. 이를 정신분석학적으로 해석하면, 바로 프로이트가 말한 무의식 충동의 표면화로 이해할 수 있다.

프로이트에 따르면 인간의 행동과 창작은 자아나 이성보다, 훨씬 더 근원적인 이드(id), 즉 무의식의 충동 에너지에 의해 결정되며, 이 충동은 종종 억압되어 있다가 꿈, 언어, 예술 등의 형태로 위장되어 나타난다. 프로이트적 디카시의 날시는 시인으로 하여금 무의식의 틈새에서 불쑥 솟아오르는 탄성을 자아내게 한다. 이 충동은 특정 사물이나 풍경, 빛과 그림자, 혹은 일상의 한순간과 마주할 때, 자아의 검열을 뚫고 감각과 감정의 형태로 의식에 도달하며, 창작 행위로 전이된다.

프로이트적 디카시 창작의 출발점도 찰나의 감흥이지만 단순한 감정적 반응이 아니라, 억압된 욕망이 외부 대상인 시적 형상인 날시와 접속하면서 폭발하는 리비도의 순간적 발화이다.

시적 충동은 일상적 장면, 사물, 풍경 등으로 드러나는 날시를 심상적 매개체로 삼아 욕망의 번개처럼 순간적으로 표면화된다. 날시와 시적 충동은 어떤 경우에는 선후를 구분할 수 없을 만큼 동시적이기도 하다. 날시로 유발된 시적 충동으로서의 욕망은 논리적 사유나 윤리적 검열(초자아)을 피해 감각적·정동적 강도로 솟구친다. 이때 창작자는 이 충동의 대상인 날시를 사진기호와 문자기호로 응고시키면서 예술적 표현으로 전환한다.

프로이트적 디카시는 단지 사진을 찍고 언술하는 이중 작업이 아니라, 무의식이 외부 현실과 충돌하면서 생성하는 표현 욕망의 탈구다. 디카시의 사진기호는 충동이 처음 접촉한 외부 세계의 감각 흔적이며, 문자기호는 그 충동이 의식의 언어로 굴절되어 나오는 상징화의 결과다. 프로이트적 디카시는 따라서 프로이트적 의미에서 일종의 정신적 발설, 즉 리비도 에너지의 승화(sublimation)라 할 수 있다.

이러한 관점에서 보면 프로이트적 디카시는 단순한 짧은 시나 예술적 오브제가 아니라, 무의식과 세계가 마주치는 지점에서 생성된 가장 응축된 표현 양식이다. 창작자는 이 순간 자신의 내면에서 솟구치는 이미지의 압력과 언어의 파편을 직조하며, 즉흥적으로 창작 행위를 실현한다. 다시 말해 프로이트적 디카시 창작은 프로이트가 말한 예술적 승화의 일환이자, 억압된 무의식의 창조적 해방이다.

프로이트는 예술을 무의식 욕망의 승화로 보았다. 승화는 원초적 욕망이 사회적으로 허용된 가치로 전환되는 정신적 고양의 작용이다. 프로이트적 디카시 창작은 무의식 욕망(리비도)의 돌출의 대상을 즉각적으로 셔터를 눌러 시각적 상징으로 응고하고 충동의 정서를 최소한의 언어로 봉합해 사회적 용인되는 사진과 문자의 서정적 텍스트로 표현한다.

프로이트적 디카시는 이렇게 감각적이고 본능적인 에너지(리비도)를 디지털 언어로 양식화한 승화 구조를 갖는다. 여기서 스마트폰 디카는 단순 도구가 아니라, 무의식의 표현을 돕는 현대적 '승화의 매체'가 된다.

어두워지거나 풍랑이 일어야
너는 돌아와 내 허릴 감았지

나도 안 놓아줄 것처럼 쇠말뚝 같은 표정은 짓지만

그것까지가 사랑이라고 말한다면

– 복효근 디카시 「사랑 혹은 거짓말」

이 작품은 항구의 평범한 풍경을 날시로 순간 포착해서 시적 충동을 표현한 것이다. 사진으로 드러난 풍경은 결코 평범할 수 없는 복잡한 심리로 구조화돼 있다. 붙잡고자 하는 충동, 떠날까 두려워하는 불안, 그럼에도 그것을 사랑이라 부르고 싶은 심리적 자기 설득이 복합적으로 얽혀 있는 표상이다. 이와 함께 문자기호로 드러나는 심리기제는 겉으로는 감성적인 언술이지만, 그 이면에는 억압된 성적 욕망과 소유욕, 그리고 그것을 시로 전환하려는 승화의 의지가 은밀하게 작동하고 있다.

사진기호 속 요소들은 프로이트적 무의식의 상징으로 읽을 수 있다. 쇠말뚝은 단단하고 수직적인 구조물로서 남근적 상징을 지니며, 고정성·소유의 욕망을 시각화한다. 여기에 감긴 밧줄은 상대를 잡아두고자 하는 욕망, 즉 리비도 에너지의 직접적인 표상이다. 물속에 잠긴 배는 자율성을 지닌 타자의 은유이며, 언제든 항구를 떠날 수 있는 불안정한 관계를 암시한다. 이처럼 세 사물은 시인의 무의식 속에서 압축되고 치환되어, 성적 충동이 은유된 형태로 이미지화한 것이다. 프로이트가 말한 1차 과정이 바로 이러한 시각적 상징 작용이다.

하지만 디카시는 여기서 멈추지 않는다. 이미지로 응결된 리비도의 에너지는, 이어지는 시적 언술(문자기호) 속에서 언어화되고 정당화된다. 이것이 바로 2차 과정, 즉 프로이트가 말한 무의식의 충동이 현실원칙에 맞게 재배치되고 승화되는 과정이다. "어두워지거나 풍랑이 일어야/ 너는 돌아와 내 허릴 감았지"라는 시구는 욕망이 즉각적으로 실현되지 않는 조건, 즉 어두움이나 풍랑이라는 위기 상황 속에서만 귀환이 이루어진다는 설정을 통해 애정과 긴장, 소유와 이탈 사이의 복잡한 감정의 진폭을 서사화하고 있다.

"허릴 감았다"는 표현은 분명 성적 뉘앙스를 지니면서도 직접적이지 않다. 이는 밧줄에 감긴 배의 장면과 겹쳐지며, 성적 에너지(리비도)의 시적 은유화로 기능한다. 이어지는 "쇠말뚝 같은 표정"은 집착을 감춘 자기 억제의 표정으로 읽히며, 외면적으로는 절제된 태도를 보이지만 내면에는 상대를 놓치지 않으려는 소유의 충동이 잠재해 있음을 암시한다.

결정적으로 마지막 구절 "그것까지가 사랑이라고 말한다면"에서 시인은 이러한 일련의 애정적 조작, 질투, 소유욕, 감정의 이중성을 '사랑'이라는 이름으로 정당화한다. 이 지점에서 욕망의 승화가 극적으로 실현된다는 사실을 포착할 수 있다. 애증과 집착, 감정의 과잉까지를 모두 '사랑'이라는 문화적 기호 안에 봉합함으로써, 시인은 자신의 무의식적 에너지를 사회적으로 수용 가능한 시적 가치로 전환한다. 이것이 바로 프로이트가 말한 예술의 핵심 기제, 리비도의 승화다.

이 디카시는 일탈적 사랑의 서사로도, 연인 혹은 부부 간의 반복적 갈등과 화해의 구조로도 읽힐 수 있다. 이중 해석 가능성은 디카시의 창작 심리 구조가 단순한 감상에서 벗어나, 심층 무의식의 다층적 표출임을 시사한다.

구멍 난 벙어리장갑을 끼고
눈사람을 만들던 기억이 난다
캄캄한 겨울밤.
아파트 단지 놀이터에서
어렸을 적 나를 보는 것 같다

– 서동균 디카시 「눈사람」

이 작품은 겨울밤, 아이가 눈밭에서 눈사람을 만드는 장면을 바라보며 그것을 날시로 포착하고 시적 충동을 느낀다. 시인은 문득 자신의 유년을 떠올린다. 구멍 난 벙어리장갑을 끼고 차갑지만 설레던 눈을 만지며 눈사람을 만들던 기억이, 마치 깊은 무의식 속에서 불쑥 솟아오르듯 되살아난다. 프로이트에 따르면 인간의 기억과 욕망은 억압된 채 무의식 속에 잠재되어 있다가 특정한 계기를 만나 의식 위로 드러난다고 했다. 이때 아이의 놀이 행위는 단순한 외부 장면이 아니라 시인의 무의식을 흔들어 깨우는 하나의 신호가 된다.

　어른으로 살아간다는 것은 긴장의 연속이다. 사회적 책임과 규율 속에서 본능적 충동은 억눌리고, 인간은 효율과 합리성에 맞추어 자신을 통제하며 살아간다. 시인 또한 그 긴장된 삶 속에 놓여 있다. 그러나 눈밭에서 자유롭게 구르며 눈사람을 만드는 아이의 모습은 억눌려 있던 리비도를 순간적으로 자극한다. 그 순간 시인은 자신 안에 여전히 살아 있는 어린 시절의 충동과 놀이 본능을 발견하게 된다. 이는 단순히 향수에 머무르는 일이 아니다. 긴장된 삶에서 벗어나고자 하는 무의식적 욕망이 순간적으로 표출된 것이며, 프로이트의 말대로 억압된 에너지가 다른 방식으로 분출되는 순간이다.

　하지만 시인은 아이처럼 직접 눈밭에서 뛰어놀지 않는다. 대신 그 장면을 사진으로 포착하고 언어로 기록한다. 프로이트가 말한 '승화'는 바로 이러한 순간에 일어난다. 본능적 에너지, 즉 리비도가 사회적으로 허용되지 않는 방식이 아니라 예술적 창작으로 전환될 때, 그것은 억압의 해소이자 문화적 산물이 된다. 시인은 유년의 충동을 억지로 억누르지 않고, 또한 직접적인 충동의 행위로 표출하지도 않으며, 디카시라는 형식을 통해 승화시킨다. 이로써 그는 긴장된 현실 속에서 잠시나마 자유를 회복한다.

"어렸을 적 나를 보는 것 같다"는 마지막 언술은 곧 자기 동일화의 순간이다. 시인은 아이의 모습을 통해 잃어버린 자신의 한 시절을 되찾고, 무의식 속 깊이 묻어둔 욕망을 예술의 언어로 되살린다. 아이와 시인이 겹쳐지는 그 장면에서, 그는 단순히 과거를 회상하는 것이 아니라 현재의 자기 자신을 치유하고 재구성한다.

이 작품은 단순한 겨울의 추억담이 아니다. 그것은 긴장된 어른의 삶 속에서 억압된 리비도의 에너지가 다시 살아나고, 예술적 기호로 변형되어 승화되는 시적 발현이다. 아이가 만든 눈사람은 그저 놀이의 결과물이 아니라, 시인에게는 무의식의 거울이자 유년으로 통하는 문이다. 이 작품은 무엇보다도 예술이 어떻게 인간의 욕망을 해방하고 치유하는가를 보여주는 생생한 사례라 할 수 있다.

3. 리비도의 탈출구

리비도는 억압만 지속되면 병리로 변한다. 강박, 불안, 신경증은 모두 욕망의 지속적 억압에서 발생한다. 그러나 예술은 그 에너지를 사회적으로 용인되는 상징 형식으로 변환시켜 파괴를 피하고 창조로 이끈다. 프로이트적 디카시는 바로 이런 리비도의 탈출구이자 심리적 배출 구조를 형성한다.

프로이트적 디카시는 억눌린 무의식의 욕망(리비도)으로 일상의 장면에서 날시라는 감각적 형상으로 포착되고, 이를 스마트폰 내장 디카라는 동시적 매체를 통해 시각적·언어적 기호로 승화시킨 디지털 시대의 서정 양식이다. 디카시 창작자는 자기 내면의 충동을 사회적으로 승인 가능한 기호로 탈바꿈시키고, 독자는 이 복합 기호를 통해 자기 해석과 감정의 여운을 누리게 된다.

　이러한 구조를 통해 프로이트적 디카시는 문학의 차원을 넘어서 무의식의 상징적 언어이자 감정 배출의 예술 심리학적 통로로 자리매김하며, 동시에 현대인의 감각에 최적화된 디지털 서정의 완결된 형태로 기능한다.

Ⅱ. 디카시와 페르디낭 드 소쉬르

1. 의미는 기호의 차이적 관계 속에서 성립한다

 철학사는 언제나 "의미는 어디에서 오는가"라는 물음을 따라왔다. 플라톤은 이데아라는 초월적 실재에, 아리스토텔레스는 질료와 형상이라는 내적 구조에, 근대 철학자들은 자율적 이성을 지닌 주체에 그 해답을 걸었다. 그러나 소쉬르는 전혀 다른 길을 열었다. 그는 의미가 본질적 실체에서 비롯되는 것이 아니라, 기호(sign)의 차이적 관계 속에서만 성립한다는 혁신적 인식을 제시했다. 바로 이 지점에서 소쉬르는 철학사적 전환의 기점으로 서게 된다.

 소쉬르의 통찰은 주체 이해에도 커다란 변화를 불러왔다. 데카르트 이래 철학은 "나는 생각한다, 고로 존재한다"는 자율적 주체를 전제로 삼아왔다. 그러나 소쉬르의 언어학은 오히려 주체가 언어를 규정하는 것이 아니라, 언어 체계가 주체를 규정한다는 사실을 드러냈다. 인간은 의미의 창조자가 아니라, 이미 주어진 언어 구조 속에서 차이를 차용하며 발화하는 존재에 불과하다. 이는 주체 철학의 균열을 낳았고, 라캉, 알튀세르, 데리다 등에게 계승되며 현대철학의 큰 전환점으로 작동했다.

 철학사적으로 볼 때, 소쉬르는 언어를 통해 본질이 아닌 관계를 사유하도록 만들었다. 그는 이데아나 절대정신 같은 초월적 근거를 제거하고, 의미를 '차이와 부재의 놀이'로서 사유할 수 있게 했다. 그 결과 철학은 실체론에서 구조론으로, 주체 중심의 존재론에서 관계와 차이 중심의 존재론으로 이동했다.

오늘날 텍스트를 해석할 때, 사회 담론을 분석할 때, 주체의 욕망 구조를 탐구할 때조차, 이미 소쉬르의 지평 위에서 사유하고 있다. 그가 제시한 기호학적 혁명은 언어학을 넘어 철학과 인문학 전체의 지형을 바꾸어 놓았으며, 여전히 차이와 구조, 의미와 부재라는 물음을 통해 우리의 사유를 자극한다.

소쉬르의 철학사적 의의는 단순히 한 언어학자의 공헌에 머무르지 않는다. 그는 언어를 매개로 철학의 지평을 열었고, 구조주의와 포스트구조주의라는 거대한 사상적 전환의 출발점이 되었으며, 인간과 세계, 의미와 주체를 새롭게 바라보게 한 근본적 사유의 혁명가였다.

2. 소쉬르의 기호이론을 구현하는 디카시

우리는 세계를 있는 그대로 받아들이지 않는다. 보는 것, 느끼는 것, 말하는 것이 따로다. 디카시는 이처럼 단절된 감각과 언어 사이에 다리를 놓고자 등장한, 가장 동시대적인 서정의 실천이다. 디지털 감성 시대의 소쉬르적 디카시는 단순히 '사진과 시'를 결합한 장르가 아니다. 그것은 시적 충동의 대상인 날시를 포착해서 사진기호와 문자기호라는 이중구조의 자율적 기호체계로 작동하는 독립된 예술 형식이다. 이러한 디카시의 정체성은 기호학의 창시자 소쉬르의 언어 이론과 맞닿아 있다.

　소쉬르적 디카시는 이 기호 이론을 그 어떤 문학 양식보다도 충실히 구현한다. 하나의 디카시는 하나의 사진기호와 하나의 문자기호로 구성되지만, 이 둘은 단순한 수직적 해설이나 보완 관계가 아니다. 사진은 말이 없지만 세계를 응시하고 있고, 문자는 설명하지 않지만 감각을 언어로 번역하려 한다. 이때, 사진기호는 이미지라는 기표와 그로부터 파생되는 감정이나 분위기라는 기의로 작동하고, 문자기호 또한 언어라는 기표와 그 속에 담긴 상징적 의미라는 기의로 구성된다. 바로 여기에 이중 구조의 기호체계가 존재한다.

　그뿐 아니라 소쉬르적 디카시의 두 기호는 서로를 지배하거나 종속하지 않는다. 사진이 문자를 해석하거나, 문자가 사진을 설명하지 않는다. 오히려 둘은 나란히 놓이면서도 서로를 비껴가고, 때로는 모순되며, 때로는 무언가 빠진 듯한 공백을 남긴다. 이 의미의 틈이야말로 디카시의 미학이다. 사진도 언어도 닿지 못하는 그 사이에서 독자는 해석의 여백을 경험하게 된다. 바로 이 점에서 디카시는 기호의 자율성을 온전히 드러낸다. 같은 사진을 보면서도 다른 언어로 반응하고, 같은 문장을 읽으면서도 저마다 다른 이미지를 떠올린다. 이는 소쉬르적 디카시가 지닌 자의성과 차이의 원리를 보여주는 증거다. 소쉬르적 디카시는 현실의 반영이 아니라, 그 현실을 감각적으로 해석한 기호들 사이의 병치이며, 그 병치가 의미를 낳는 방식이다. 그렇기에 소쉬르적 디카시는 단순한 예술 장르가 아니라, 세계와 언어, 이미지와 정서 사이의 기호적 실험이다.

　소쉬르적 디카시는 말한다. 사진은 말 없는 언어이고, 언어는 눈으로 보는 감각이다. 이 둘은 각자의 체계 속에서 의미를 생성하고, 병치 될 때 더 넓은 감각의 장을 열어 준다. 소쉬르의 기호학은 이러한 디카시의 존재 방식을 이론적으로 정당화하는 기초다. 소쉬르적 디카시는 이중 구조의 자율체계로서, 감성과 언어, 시각과 사유가 교차하는 새로운 기호의 언어를 창조해낸다.

늦가을이고 늦은 오후이고
조금 있으면 불이 켜질 시간
조금 더 있으면 크리스마스
그리고 뭐가 남을까?
한 해가 간다

— 김언 디카시 「물방울 전구」

 이 작품의 가을의 끝자락, 앙상한 가지 끝에 매달린 물방울은 그저 물방울일 뿐이다. 그러나 시인의 눈에 그것은 전구처럼 보인다. 바로 이 순간이 세계가 날시로 드러나는 순간이며 시적 충동으로서 디카시 창작이 시작된다. 사진기호와 문자기호로 구현되기 이전, 시인의 몸과 세계가 마주친 자리에서 솟아오른 시적 충동으로 포착한 것이 날시이다.
 이 작품은 시적 충동으로 포착한 시적 형상을 어떻게 사진과 문자라는 기호의 층위에서 구현되는지를 잘 보여준다. 사진 속 물방울은 가을 낙엽의 어두운 배경 속에서 반짝이며, 마치 작은 전구처럼 보인다. 원래 물방울과 전구 사이에는 아무런 본질적 연관이 없다. 하지만 시적 충동을 유발하는 날시는 그것들을 결합시키고, 그렇게 탄생한 이미지는 사진기호로 고정된다. 소쉬르가 말한 기호의 자의성은 바로 이때 드러난다. 기표와 기의는 필연적 관계에 있지 않고, 오히려 자의적 명명과 문화적 약속을 통해 의미를 얻는다.

　이어지는 문자기호는 사진기호가 붙잡은 감각을 시간의 흐름 속에 위치시킨다. "늦가을이고 늦은 오후이고/ 조금 있으면 불이 켜질 시간/ 조금 더 있으면 크리스마스/ 그리고 뭐가 남을까?/ 한 해가 간다"라는 언술은 물방울-전구의 반짝임을 단순한 자연 현상이 아니라, 계절의 차이, 연말의 유한성, 인간 존재의 덧없음과 연결한다. 여기서 소쉬르가 말한 차이성이 작동한다. 의미는 고정된 실체가 아니라, '가을과 겨울의 경계', '빛과 어둠의 대비', '시작과 끝의 간극' 같은 차이의 관계 속에서 생성된다.

　이처럼 시적 충동의 단초인 날시는 사진기호와 문자기호를 잇는 원초적 힘이다. 날시는 기호 이전의 시적 형상이지만 사진은 그것을 감각적 이미지로 형상화하고, 문자는 그것을 해석적 언술로 확장한다. 사진과 문자는 각각 독립된 기호체계이지만, 서로 상호텍스트적으로 얽히며 날시의 충동을 사회적 의미망 속에 풀어놓는다. 디카시는 바로 이 지점에서 독자와 만난다.

　이 작품은 단순한 풍경 기록이 아니다. 그것은 날시가 자의성과 차이성이라는 기호학적 조건 속에서 어떻게 시적 의미로 변환되는지를 보여주는 사례다. 물방울을 전구로 본 시인의 순간적 감응은 사진과 문자를 통해 증폭되고, 그 과정에서 세계는 새롭게 열리며, 한 해의 끝자락에

선 인간의 덧없음이 감각된다. 김언의 디카시는 소쉬르의 기호학과 날시가 교차하는 자리에서 창작론적 의의를 지닌다. 기호학은 날시가 어떻게 기표와 기의의 관계 속에서 의미화되는지를 해명한다. 소쉬르 관점에서 이 디카시는 시적 충동의 대상인 날시와 기호학의 긴장과 협력 속에서 태어나는 새로운 서정 양식이다.

깨진 출입문도
열린 안내소도
다 확인했어요
사람이 버리고부터 여기는
자유를 얻었다고요

— 길상호 디카시 「또 도둑이라 하려고요?」

이 작품은 폐허가 돼 버린 공간에 고양이가 새로운 주체로서 존재하는 것을 날시로 포착하고, 사진기호와 문자기호로 표현했다. 사진기호(기표1)는 폐허의 공간, 깨진 창문 안의 두 마리 고양이가 있고, 앞의 고양이는 정면을 응시하며 경계하는 듯한 눈빛이다. 인간이 버리고 떠난 장소에 인간 대신 존재한다. 이 사진기호는 '침입자', '생존자', '주인 없는 공간의 점유자' 등 다의적 기의를 불러온다. 문자기호(기표2)는 고양이의 시선에서 서술된 듯한 언술이다. 인간의 기준으로는 '도둑'이지만, 고양이에게는 '자유를 얻은 땅'이다. 권력의 중심이 전복되며, 유기된 공간이 해방의 공간으로 재명명된다.

사진기호와 문자기호는 서로 다른 기호체계이기에 자의적으로 결합된다. 이 결합은 상호 해석적 충돌을 일으키며 차이의 긴장 속에서 인간

중심의 시선에서 동물의 시선으로 전복되고, 도둑질에서 자유로운 생존으로 의미의 전이되며 폐허에서 자유의 땅으로 재해석된다. 이처럼 두 기호의 결합은 단순한 병렬이 아니라, 독자가 두 기호 사이의 차이를 인식하고 이를 해석하는 가운데 '텍스트성'이라는 제3의 의미 장을 구성하게 만든다.

이 작품의 핵심 주제는 '인간이 떠난 자리에 깃든 타자의 생존과 존엄'이다. 인간에게는 버려진 폐허가 고양이에게는 자유의 공간이며, 이는 인간 중심적 세계관을 해체하고 생태적 공존과 타자성을 사유하게 만든다.

또한 제목 '또 도둑이라 하려고요?'는 인간 사회가 타자에게 쉽게 붙이는 낙인을 비판적으로 되묻는 반어적 질문이다. 이는 사회적 규범과 윤리의 경계를 전복시키며, 독자에게 윤리적 성찰을 유도한다.

이 작품은 기호학적으로 보았을 때, 사진기호와 문자기호의 자의적 결합과 차이의 생산성을 통해 텍스트의 다의성과 독자 해석의 개방성을 드러낸다. 주제적으로는 인간이 버린 공간에서 타자적 생명(고양이)이 자유를 얻는 장면을 통해 생존과 공존, 낙인의 문제를 윤리적으로 성찰하게 만든다.

3. 화학적 기호 결합의 예술

시인은 시적 충동 대상인 날시를 원천으로 사진기호를 생산하고 사진기호와 병치할 자신만의 감각, 기억, 문화적 맥락에 따라 시적 언술을 한다. 이것은 이렇게 씌어져야 한다는 필연성이 아니라 시인의 자의적 선택이다.

설령 같은 버섯에서 시적 충동을 느껴 사진을 찍었더라도 어떤 시인은 "생명"을, 어떤 시인은 "고독"을, 또 다른 시인은 "사랑"을 느낄 수 있다. 이것이 바로 기호 연결의 자의성이다. 소쉬르적 디카시는 자의성 덕분에 개인의 감각을 사진과 언어로 재구성하는 독창적 예술이 된다. 또한 사진기호와 문자기호는 서로 다르기 때문에, 그 차이 속에서 독자는 해석을 수행한다. 이 두 기호는 서로를 설명하거나 대체하지 않으며, 병치된 채 하나의 작품을 구성한다.

이 차이는 독자가 의미를 창출하는 여백이자 긴장이다. 의미는 기호 내부가 아니라, 기호 간 간극에서 생성된다. 사진기호와 문자기호는 자의적으로 연결되었고, 연결된 뒤에도 차이를 유지한 채 병치되어 있다. 이 구조는 물리적 결합이 아니라, 서로 다른 성질을 지닌 두 요소가 반응하여 제3의 성질을 갖는 새로운 텍스트를 만드는 '화학적 결합'에 가깝다. 이것이 디카시가 단순한 이미지와 글의 결합이 아닌 '멀티기호 텍스트'로서 완성되는 원리다.

소쉬르적 디카시는 사진기호와 문자기호가 자의적으로 선택되고, 서로의 차이를 유지한 채 병치되어 작동함으로써, 제3의 의미장을 창출하는 '화학적 기호 결합의 예술'이다.

자의성 덕분에 시인의 창작 주체성이 보장되고, 차이 덕분에 독자의 해석 가능성이 열리는 구조로, 소쉬르적 디카시는 단순한 합이 아닌, 감각과 해석의 층위를 가진 멀티텍스트로 완성된다.

Ⅲ. 디카시와 자크 라캉

1. 실재를 향한 열망

　라캉은 정신분석을 넘어서 현대 철학과 인문학의 전 영역을 새롭게 흔들어 놓았다. 그는 단순히 프로이트의 뒤를 이은 정신분석가가 아니라, 프로이트가 발견한 무의식의 논리를 언어학, 기호학, 구조주의와 접합시킴으로써 무의식의 담론을 철학적 사유의 중심으로 끌어올린 사상가였다.

　무엇보다 라캉은 무의식을 "언어처럼 구조화되어 있다"라고 규정함으로써, 무의식을 단순한 심리학적 현상이 아니라 기호의 질서 속에서 이해해야 할 구조로 드러냈다. 이는 철학사적으로 '주체'의 문제를 근본적으로 다시 묻는 작업이었다. 근대적 주체는 이성의 투명성을 전제했으나, 라캉에게 주체는 무의식적 욕망에 의해 분열된, 언어의 타자에 의해 구성된 존재였다. 즉, 주체는 스스로를 온전히 소유하지 못하며, 결핍 속에서 끊임없이 욕망을 생성하는 '부재의 존재'라는 것이다.

　그의 또 다른 철학사적 공헌은 '대상 소문자 a'와 '실재계' 개념을 통해 욕망의 구조를 설명한 데 있다. 욕망은 결코 충족될 수 없는 결핍의 반복이며, 이 결핍을 채워줄 것처럼 보이는 잔여물, 곧 '대상 소문자 a'는 주체를 끊임없이 움직이게 하는 동력이다.

  인간은 세상의 중심이 아니다. 스스로 중심이라 착각할 뿐, 언제나 언어의 바깥에 놓인 어떤 진실 앞에서 망설이고, 흔들리고, 끝내 침묵하게 된다. 이 진실은 명확하게 손에 잡히지 않으며, 보는 순간 사라지고, 말하려 할수록 미끄러진다. 자크 라캉은 바로 이 지점에서 인간 존재를 사유한다. 라캉은 인간이 세계와 관계 맺는 방식을 세 가지 차원으로 나누었다. 상상계, 상징계, 그리고 실재계. 이 세 가지는 단지 심리적 구조를 넘어서, 인간 존재 전체를 감싸는 철학적 프레임이다.

  인간은 태어나자마자 타자와의 관계 속에서 자신을 형성한다. 어린아이가 거울 속의 형상을 보고 자기 자신이라 여기는 순간, 인간은 첫 번째 세계인 상상계에 진입한다. 상상계는 이미지의 세계다. 감각적 동일시와 환상이 지배한다. 거울 속 자아, 타인의 눈에 비친 자아, 사진과 영상 속 자아를 통해 자신을 정의한다. 그러나 그 자아는 진짜가 아니다. 그 모든 형상은 외부의 것이며, 나라고 믿는 그것은 결국 타자의 이미지다. 그럼에도 인간은 그 이미지를 사랑하고, 욕망하고, 때로는 증오한다. 상상계는 바로 그 사랑과 질투, 충동과 모방의 세계다. 언어 이전의 시기, 인간은 이 이미지의 장에서 자기를 감지하고 타인을 이해하며, 세계를 구성하기 시작한다.

  그러나 이 감각의 세계는 곧 언어라는 벽에 부딪힌다. 인간은 말을 배우면서 제2의 세계인 상징계로 들어간다. 이 세계는 단어와 규칙, 질서와 법으로 이루어져 있다. 인간이 사용하는 언어는 단지 표현의 수단이 아니다. 그것은 곧 세계에 의미를 부여하는 구조이며, 동시에 자신을 제한하는 장치다. 라캉은 이를 "아버지의 이름"이라 부른다. 이는 아버지 개인을 뜻하는 것이 아니라, 사회의 법과 금기, 이름 짓기와 역할 부여의 힘을 의미한다. 인간은 언어를 통해 자신의 이름을 얻고, 가족과 사회 안에서의 위치를 부여받는다. 하지만 바로 그 순간, 자신으로부터 분열된다. 말은 언제나 나를 완전히 대변할 수 없고, 나는 말로 다 표현되지 않는 나를 껴안은 채 살아가야 한다.

여기서 라캉은 세 번째 세계, 가장 다가가기 어려운 실재계를 제시한다. 실재계는 말할 수 없는 것, 언어 이전의 충격, 기호로 담아지지 않는 절대적인 것을 의미한다. 실재계는 존재하지만, 그에 대해 말하려는 순간 미끄러져버린다. 그것은 고통의 형태로, 침묵의 형태로, 또는 예술의 형태로 우리 앞에 출현한다. 우리가 사랑을 고백할 때 그 말이 늘 모자란 이유, 죽음을 마주했을 때 말문이 막히는 이유, 그리고 어떤 감정을 아무리 표현해도 결국 "그게 아니야"라고 느끼는 이유는, 인간은 실재계에 닿지 못하기 때문이다.

라캉은 실재계가 인간 존재의 핵심에 있다고 본다. 그것은 언제나 중심에 있으면서도, 인간이 결코 도달할 수 없는 결핍의 공간이다. 그러나 그것은 비극이 아니다. 오히려 말할 수 없는 것을 둘러싸며 살아가는 존재야말로, 더 깊이 사유하고 더 정교하게 창작할 수 있다. 인간은 실재를 알 수 없지만, 실재를 향한 열망 속에서 끝없이 말하고 끝없이 사랑하며 끝없이 예술 활동을 하는지도 모른다.

2. 라캉의 욕망 메커니즘

라캉적 디카시 창작의 첫 출발도 언어 이전의 감각, 그 어떤 수사나 형식도 닿기 전의 시적 충동을 유발하는 날시에서 비롯된다. 날시는 사진기호와 문자기호로 표상되기 이전, 몸의 감각과 무의식이 세계를 뚫고 들어오는 어떤 절대적인 찰나에서 인식된다. 이는 언어화되기 전, 그러나 강렬히 언어를 요구하는 순간으로, 존재가 무언가에 이끌려 즉흥적으로 반응하는 시적 사건의 원점이다.

이 순간, 시적 주체는 순간 라캉의 정신분석학에서 말하는 실재계와 마주하게 되는 것으로 볼 수 있다. 실재계란 상상계(이미지)나 상징계(언어)를 통해 결코 완전히 포섭되지 않는, 그러나 존재를 근원적으로 규정하는 무의식의 차원이다. 디카시 창작에서 날시는 바로 이 실재계가 틈입하는 자리에서 발생한다. 그 어떤 의미로도 환원할 수 없는, 그러나 의식은 그것을 언어화하지 않고는 견딜 수 없는 실재의 틈입, 거기에서 날시가 드러난다.

시인의 눈앞에 펼쳐진 자연이나 사물, 일상의 장면은 단순한 대상이 아니다. 그것은 시인의 무의식과 맞닿아 있는 결핍의 징후이며, 라캉이 말한 대상 소문자 a로 작동한다. 대상 소문자 a는 결코 완전히 붙잡을 수 없는 결핍의 흔적이며, 인간 욕망의 구심점이다. 날시는 이 대상 소문자 a를 순간적으로 포착하는 데서 발생한다. 시인은 일상의 틈에서 '무언가 이상한 것', '설명할 수 없지만 뚜렷한 감응'을 느낀다. 바로 이 감응은 날시와 조우에서 순간 발생하는 것으로 시인으로 하여금 셔트를 누르게 한다.

그러나 시적 충동 혹은 시적 감흥과 함께 포착된 날시는 단순히 '욕망'

의 표현이 아니다. 그것은 욕망의 경계를 넘어서려는 충동, 즉 주이상스의 차원으로도 확장된다. 주이상스는 단순한 쾌락이 아닌, 고통을 동반한 쾌락, 욕망을 초과하는 충동이며 실재계의 가장자리를 가로지르는 파열음이다. 라캉적 디카시 창작의 날시는 때로 감정의 파국, 언어 이전의 상흔, 현실의 무력함에서 비롯되기도 한다. 이때 시인은 대상 소문자 a를 통해 주이상스의 경계를 조심스레 넘나들며, 실재계와 무의식을 감각적으로 포착해내는 역할을 수행한다.

라캉적 디카시도 이러한 날시를 멀티언어화하는 예술이다. 몸이 느낀 실재의 틈입은 스마트폰 내장 디카로 한순간의 '기호'로 응결되고, 그에 상응하는 언어적 발화가 문자기호로 병치된다. 이 병치는 단순한 나열이나 설명이 아닌, 실재를 향한 접근 시도이며, 결코 다다를 수 없는 대상 소문자 a를 향한 끊임없는 욕망의 변주이다. 라캉적 디카시는 이처럼 무의식적 충동의 대상인 날시를 사진기호와 문자기호라는 두 기호체계로 동시 표상하면서도, 그 어떤 것도 실재 자체를 재현하지 못한다는 사실을 고스란히 드러낸다. 그렇기에 라캉적 디카시는 늘 결핍을 끌어안으며, 실재계의 주변을 선회하며, 존재의 공백을 시적으로 발화한다.

나는 태양을 찢어
불타는 두 날개를 펼치고
영혼의 긴 복도를
의심 없이 걸어가리라
소년이 시작된다

– 서안나 디카시 「소년A」

이 작품은 시적 발화는 태양을 찢어 두 날개를 펼치고, 영혼의 긴 복도를 걸어가겠다는 과감한 선언으로 시작된다. 이 언술은 현실에서 실현 가능한 행위가 아니라, 오히려 불가능성 자체를 겨냥하는 포즈다. 라캉의 언어로 말하면, 이는 실재계의 영역을 향한 돌파이며, 상징계로 포착되지 않는 틈새를 응시하는 발화다.

이때도 중요한 것은 디카시 창작의 출발점이 되는 날시이다. 날시는 시인이 사물이나 장면을 마주할 때 시적 형상으로 드러나며 즉각적으로 일어나는 시적 충동, 아직 언어나 이미지로 다듬어지지 않은 원초적 감응을 유발한다. 그것은 상징계의 언어로 온전히 포착될 수 없는 실재계의 흔적과 닿아 있는 대상 소문자 a라 해도 좋다. 이 작품에서 날시는 태양과 바다의 장엄한 광경 속에서 솟구쳐 오른 신비로운 형상이다. 그것은 실재계의 틈입으로 강렬하게 시인을 사로잡는다.

라캉에 따르면 주이상스는 금기의 경계를 넘어 불가능을 욕망하는 충동이다. 태양을 찢고 날개를 펼치려는 소년의 상상은, 바로 이 주이상스의 욕망의 흔적을 표상한다. 그것은 일상의 현실에서 결코 도달할 수 없는 영역이지만, 강력한 시적 충동을 유발하는 시적 형상인 날시가 그 실재계의 틈을 드러내는 순간, 디카시의 창작은 비로소 열린다. 실재계의 틈입으로 디카시 창작이 이뤄지지만 사진기호가 보여주는 현실의 바다는 상상계로 이미지화되고, 문자기호는 "영혼의 긴 복도를/ 하염없이 걸어가리라"고 상징계로 편입하며 디카시는 새로운 시적 사건으로 태어난다. 이 디카시는 라캉의 실재계의 틈입으로 드러난 날시를 사진기호와 문자기호의 상호텍스트성으로 붙잡아 실재계의 실루엣을 보여주는 것으로 볼 수 있다.

이 작품은 단순히 소년의 결심을 노래한 작품이 아니라, 낙시가 실재계의 틈으로 솟구쳐 오르는 순간을 포착하고, 그것을 사진과 문자라는 이중 기호 속에서 주이상스의 욕망으로 승화시킨 창작의 현장이다. 상징계에 아직 포섭되지 않은, 어른이 아니라 소년이 주체이기에 가능한 시적 발화이다. 즉, 상징계에 길들여지지 않은 자유의 충동이자, 디카시가 열어 보이는 시적 세계의 원형적 장면을 드러낸다.

태어날 때부터 맨손 맨발이었다

살겠다고,
기어이 살아남겠다고
다시 직립보행의 자세로 걷기 시작했다
저 소나무들도 땅속 깊이 맨발일 것이다

– 이원규 디카시 「피뢰침」

이 작품은 어떻게 실재계·상상계·상징계의 차원을 동시에 긴드리며 시적 충동을 생성하는지 선명하게 드러난다.

"맨손 맨발"이라는 표현은 인간이 본질적으로 무장되지 않은 존재임을 상기시킨다. 이는 상징화 이전, 언어가 붙잡아내지 못하는 실존적 결핍의 상태이며, 라캉이 말한 실재계에 가깝다. 실재계는 결코 기호화될 수 없는 차원, 그러나 언제나 균열처럼 우리를 찌르는 영역이다. "살겠다고,/ 기어이 살아남겠다고"라는 다짐은 바로 그 실재계의 압박 속에서 솟구친 주이상스의 표현이다. 생존을 향한 의지, 결핍을 돌파하려는 의지가 실재계에서 분출된 것이다.

사진에 담긴 숲과 인물들은 라캉이 말한 상상계의 차원으로 이해될 수 있다. 상상계는 거울단계에서 비롯된 동일시와 이미지의 세계다. 사진 속 인물들은 소나무와 어우러지며, 길 위를 걷는 우리의 모습과 쉽게 겹쳐진다. 독자는 그 장면에 자신을 투사하고, 마치 자기 자신이 그 길을 걷는 듯한 동일시를 경험한다. 따라서 사진기호는 상상계적 장치로 작동하여, 독자를 시적 충동의 장면 속으로 끌어들인다. 그러나 디카시는 단순한 이미지에 머물지 않는다. "직립보행의 자세로 걷기 시작했다"는 언어는 인간이 맨손 맨발의 결핍에도 불구하고 문명과 상징질서 속에서 자기 길을 찾아간다는 선언이다. 라캉에게 상징계는 언어와 규범, 의미의 질서이다. 짧은 시적 언술은 실재계의 충동을 기호화하며, 그것을 사회적·문화적 의미 속에 자리매김한다. "저 소나무들도 땅속 깊이 맨발일 것이다"라는 구절은 인간과 자연을 동일한 상징 속에서 묶어내며, 존재의 보편적 조건을 드러낸다.

　이 작품은 실재계의 결핍에서 솟아나는 주이상스적 충동을, 사진의 상상계적 동일시와 언어의 상징계적 기호화를 통해 작품으로 구체화한다. 디카시의 본질은 바로 여기에 있다. 세계와 마주한 순간의 시적 충동은 실재계의 파열로서 날시로부터 도래하고, 사진기호는 상상계적 거울이 되어 그것을 붙잡으며, 문자기호는 상징계 속에서 의미를 조직한다. 그런 가운데서도 여전히 실재의 결핍을 확인하며 변죽만 울린다. 그럼에도 불구하고 이 작품은 존재의 근원적 맨발성과 그 맨발로 걸어가는 인간의 결단을, 철학적·시적으로 증언한다.

3. 실재계의 상처를 이미지와 언어로 꿰매려는 시적 시도

라캉적 디카시의 사진기호와 시적 언술은 한 몸으로 드러나지만 사진기호와 문자기호 사이의 틈이나 여백으로 인한 또 다른 결핍의 잔여도 존재한다고 볼 수 있다. 이 기호 간의 미묘한 어긋남이나 다 충족되지 못한 여백 속에서 다시 실재계의 결핍이 드러난다. 따라서 창작자는 이 결핍 때문에 다시 새로운 날시를 쫓게 된다.

라캉적 디카시의 창작은 단순한 이미지와 언어의 결합이 아니라, 실재계의 상처를 이미지와 언어로 꿰매려는 시인의 시도이다. 시적 충동은 시적 형상인 날시로 드러나는 실재계를 향한 주체의 절박한 응시이며, 대상 소문자 a는 그 실재를 대신하는 자리이고, 주이상스는 그러한 응시 속에서 주체가 감내해야 할 고통스런 쾌락이다. 라캉적 디카시는 이 모든 과정을 감각적으로 포착하고, 극도로 응축된 멀티언어의 형식으로 표상하는 새로운 서정양식인 것이다.

Ⅳ. 디카시와 롤랑 바르트

1. 저자는 죽었다

롤랑 바르트를 떠올리면, 늘 그가 쓴 짧은 문장 하나가 생각난다. "저자는 죽었다." 이 단언은 단순한 문학 이론의 선언이 아니라, 인간이 텍스트와 세계를 바라보는 방식에 커다란 전환을 가져왔다. 바르트는 우리에게, 글을 읽는다는 것이 결코 저자의 그림자를 따라가는 일이 아니며, 텍스트는 읽히는 그 순간마다 새롭게 태어난다고 말해주었다.

철학사 속에서 바르트가 지닌 의의는 바로 이 전복성에 있다. 그는 철저히 소쉬르 언어학의 계보를 잇는 기호학자로 출발했다. 하지만 그의 눈길은 늘 고전적인 철학의 장이 아니라, 신문 속 광고나 패션지의 사진, 일상 속 사소한 풍경을 향했다. 그는 그 속에서 '신화'를 읽어냈고, 사소해 보이는 기호들 속에 사회와 권력의 작동 원리를 포착했다. 이로써 그는 철학이 더 이상 추상적 사유의 전당에만 머무는 것이 아니라, 생활 세계 깊숙이 파고드는 비판적 도구가 될 수 있음을 보여주었다.

그러나 바르트는 구조주의적 과학성에 오래 머물지 않았다. 그는 언젠가 스스로 "구조주의를 부숴야 한다"고 말한 적이 있다. 『텍스트의 즐거움』에서 그는 텍스트를 규칙과 구조로 묶는 대신, 그 속에서 느껴지는 다성성과 쾌락을 탐구한다. 의미는 고정된 것이 아니라, 차이 속에서 끊임없이 미끄러진다. 그리고 그 미끄러짐 속에서 독자는 주체가 되고, 텍스트는 끝없이 살아 움직인다. 바로 이 점에서 그는 구조주의에서 후기구조주의로 넘어가는 징검다리, 혹은 문학과 철학의 흐름을 바꾸는 교차점에 서 있다.

롤랑 바르트의 철학사적 의의는 단순히 기호학의 확장이나 문학 이론의 변화를 설명하는데 그치지 않는다. 그는 철학을 일상으로, 학문을 삶으로, 기호를 죽음과 사랑으로 가져왔다. 그는 구조주의의 경직된 틀을 흔들었고, 의미의 권위를 해체했으며, 텍스트와 독자 사이에 자유롭게 흐르는 해석의 공간을 열어주었다. 무엇보다 그는 "텍스트란 누군가의 것이 아니라, 읽는 순간마다 다시 태어나는 것"임을 가르쳐주었다.

바르트를 읽는다는 것은 결국 텍스트와 함께 걷는 일이다. 저자의 목소리를 잠시 뒤로 하고, 독자 자신의 목소리를 찾아 나서는 일. 그렇게 바르트는 철학사의 한 자리를 넘어, 여전히 오늘을 살아가는 우리에게 텍스트와 삶을 새롭게 읽는 길을 안내하고 있다.

2. 바르트적 텍스트론의 현실화

디카시는 사진과 문자가 하나의 화면 속에 공존하는 독특한 문학 장르다. 사진이 단순히 글의 장식이 아니며, 글 또한 사진의 주석에 머무르지 않는다. 이 둘은 서로를 보완하기도 하고, 충돌하기도 하며, 그 사이에서 새로운 의미의 장이 열리게 된다. 이러한 점에서 바르트적 디카시는 바르트가 말한 텍스트의 다성성을 실현하는 공간이라 할 수 있다.

바르트는 『텍스트의 즐거움』에서 텍스트를 '닫힌 책'이 아니라, 끊임없이 새로운 의미를 생산하는 열린 필드로 보았다. 이때 독자는 더 이상 저자의 의도를 추적하는 수동적 수용자가 아니라, 텍스트를 통해 즐거움과 해석을 창조하는 주체가 된다. 디카시를 바라보면, 사진기호와 문자기호는 각각의 층위에서 '텍스트'로 작동하며 독자를 초대한다. 사진은 시각적 텍스트로, 문자는 언어적 텍스트로, 서로 간의 간격을 드러내면서 동시에 중첩된다.

여기서 바르트의 『밝은 방』은 중요한 빛을 던진다. 그는 사진을 해석하면서 스투디움(studium)과 푼크툼(punctum)이라는 두 개념을 구분했다. 스투디움은 사진이 전달하는 사회적·문화적 맥락, 즉 일반적 의미에 해당한다. 반면 푼크툼은 사진 속에서 우연히 독자를 찌르고 들어오는 세부, 개인적 상처처럼 다가오는 어떤 순간이다.

바르트적 디카시에서 사진은 우선 스투디움의 층위를 형성한다. 풍경, 계절감, 일상의 사물은 누구나 공감할 수 있는 문화적·보편적 코드로 작동한다. 예를 들어 가을 낙엽 사진은 계절의 무상함, 시간의 흐름을 떠올리게 하며, 이는 모든 독자에게 공유 가능한 스투디움의 차원이다. 그러나 동시에 그 사진 속 빗방울 하나, 혹은 낯익은 골목의 구석 같은 것은 푼크툼으로 기능하여, 각자의 기억과 감정에 따라 독자를 깊이 찌른다.

여기서 문자의 기호가 개입한다. 시적 언어는 사진이 던져준 스투디움의 층위를 해석하거나 전복하면서, 푼크툼을 강화하거나 다른 푼크툼을 새롭게 불러온다. 문자가 사진의 여백에 말을 걸면, 독자는 단순히 이미지를 보는 데 그치지 않고, 그 의미의 다층성을 경험하게 된다. 사진이 제공한 스타디움이 문자에 의해 낯설게 전환되기도 하고, 사진에서 느끼지 못한 푼크툼이 문자기호 속에서 돌연 튀어나오기도 한다.

바르트적 디카시는 "텍스트의 장"을 극적으로 구현한다. 사진은 시각적 텍스트로서 스투디움과 푼크툼의 이중 구조를 지니고, 문자는 언어적 텍스트로서 그 구조에 새로운 흔적을 더한다. 독자는 이 둘의 상호작용 속에서 저자의 의도를 고정적으로 해석하지 않는다. 오히려 사진과 문자가 교차하며 만들어내는 열린 틈새 속에서, 각자의 해석과 감정을 창조한다.

바르트적 디카시는 바르트가 말한 저자의 죽음 이후의 문학을 보여준다. 사진기호와 문자기호는 더 이상 단일한 의미의 전달자가 아니라, 다성적이고 차이적인 텍스트로 기능한다. 독자는 이 두 텍스트가 교차하는 자리에서 스타디움의 문화적 의미와 푼크툼의 개인적 상처를 동시에 체험한다. 그리하여 디카시는 단순한 시와 사진의 결합이 아니라, 바르트적 텍스트론이 현실에서 실천되는 장르로 자리한다.

바르트적 디카시는 스투디움과 푼크툼의 교차, 사진기호와 문자기호의 상호텍스트성, 독자의 해석적 주체성을 통해 바르트의 텍스트론을 가장 생생하게 보여주는 실험적 장르라고 할 수 있다.

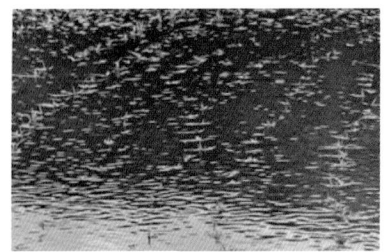

궁금한 초록은 호呼이고 일렁이는 무논은 흡吸이듯
내 놀던 뒷동산 꽃과 나비가 아침부터 저녁까지 호이고 흡이듯
봄날은 돌멩이도 숨쉬는 봄날이어서 질문과 대답은 간절한 생명이어서

— 강현국 디카시「Bliss」

무논을 날시로 포착한 이 작품의 사진기호는 단순하지 않다. 물 위에 돋아난 연약한 초록의 새싹들, 그 단출한 장면은 계절의 기쁨을 보여주는 듯하지만, 동시에 독자의 마음속에 전혀 다른 울림을 일으킨다. 롤랑 바르트가 말한 '저자의 죽음'은 바로 이 순간을 설명해 준다. 'Bliss'라는 제목이 무엇을 뜻하는지, 사진을 찍은 이가 어떤 의도로 셔터를 눌렀는지, 혹은 시인이 어떤 마음으로 문장을 붙였는지는 중요하지 않다. 의미는 이제 독자의 몫으로 넘어간다.

사진기호는 공통된 풍경을 보여준다. 봄날의 물빛, 새싹의 약동, 생명력의 눈부심. 이것이 바르트가 말한 스타디움이다. 이 장면 속에서 누구나 공유할 수 있는 계절의 정서를 감지한다. 그러나 동시에 각자의 삶은 그 풍경 속에서 전혀 다른 지점을 찔린다. 누군가에게는 어린 시절 논두렁을 달리던 기억이, 또 다른 이에게는 젖은 흙냄새 속에서 느꼈던 사소한 감정이 불현듯 되살아난다. 그 개인적이고 돌발적인 울림, 그것이 푼크툼이다.

여기에 시적 문장이 얹힌다. "봄날은 돌멩이도 숨쉬는 봄날이어서 질문과 대답은 간절한 생명이어서"는 사진이 보여주지 않는 세계를 불러내고, 문자기호가 건네지 못하는 구체적 장면을 사진은 붙잡는다. 두 기호는 서로를 해설하지 않고, 나란히 있으면서 독자에게 또 다른 층위의 경험을 허락한다. 사진은 언술의 바탕이 되고, 언술은 사진의 숨겨진 결을 드러낸다. 그렇게 사진기호와 문자기호는 다성적으로 울려, 독자 각자의 해석 속에서 끊임없이 새로운 의미를 태어나게 한다.

바르트가 말한 저자의 죽음은 여기서 가장 선명하게 드러난다. 더 이상 저자의 의도에 묶이지 않은 채, 독자는 자기만의 해석을 만들어 낸다. 초록의 싹은 어떤 이에게는 희망의 표지로, 또 다른 이에게는 사라진 것에 대한 애도의 기호로 다가올 수 있다. 같은 사진, 같은 언술 속에서도 무수한 의미가 자라난다.

이 작품은 하나의 완결된 작품이라기보다, 독자에게 매번 새롭게 태어나는 열린 텍스트다. 바르트가 사진에서 읽어낸 스타디움과 푼크툼은 여기서 사진과 언어가 만나는 지점을 밝혀준다. 보편적 정서와 개인적 울림, 그 두 층위가 교차할 때, '작품'이라는 경계를 넘어 삶의 기억과 감정 속으로 들어가게 된다.

이 작품은 단순한 봄날의 기록이 아니라, 저자의 목소리를 넘어서는 다성의 합창이며, 각 독자의 삶 속에서 다시 살아나는 끝없는 해석의 장이다.

당신 사랑이 지극해서 눈이 생겼습니다
하늘이 내 몸으로 들어왔습니다

– 장옥관 디카시 「눈동자」

이 작품도 우선 시적 충동을 유발하는 날시의 포착에서 출발한다. 날시는 언어 이전, 사진 이전에 불현듯 몸과 감각을 사로잡는 미세한 떨림이자 충동으로 다가온다. 진흙 위 작은 웅덩이에 비친 하늘을 마주한 순간, 시인은 단순한 풍경이 아니라 하늘이 땅속에 내려앉아 있는 듯한 역설적 광경을 감각한다. 이는 디카시 창작의 근원적 계기이자 시적 이데아로서의 날시라 할 수 있다.

　이 날시는 사진기호로 옮겨지며 구체화된다. 진흙바닥의 질감과 그 속에 박힌 작은 원형의 반사면은 우연적 구도가 아니라, 시인의 감각이 '하늘이 땅속의 눈으로 들어와 나를 바라보는' 순간을 포착한 결과이다. 사진은 이 장면을 기호화하여 보는 이에게 전달하는데, 바로 여기에서도 롤랑 바르트가 말하는 스투디움과 푼크툼이 교차한다. 스투디움은 사진이 담고 있는 일반적 정보와 맥락, 곧 '진흙바닥 위의 물웅덩이'라는 객관적 층위이다. 그러나 동시에 작은 웅덩이에 비친 하늘의 조각은 푼크툼으로 작동한다. 그것은 단순히 설명 가능한 풍경이 아니라, 보는 이의 심장을 찌르는 어떤 미세한 충격, 즉 '당신 사랑이 지극해 눈이 생겼다'는 언술로 이어지는 감각적 자극이다.

　이후 문자기호는 다시 그 푼크툼의 충격을 언어화한다. "당신 사랑이 지극해서 눈이 생겼습니다/ 하늘이 내 몸으로 들어왔습니다"라는 발화는 사진기호가 직접 전달할 수 없는 내적 체험을 보충하며, 사진기호와 문자기호가 서로 울림을 만들어내는 다성적 멀티텍스트를 완성한다. 사진이 보여준 시각적 충격이 언어를 불러내고, 언어는 다시 사진의 의미를 재구성하여 독자에게 다층적인 해석의 가능성을 제공한다.

　이 작품은 날시로부터 시작하여 사진기호와 문자기호가 교차하고 중첩되면서, 스투디움과 푼크툼이 동시에 작동하는 바르트적 감응의 장을 연다. 그것은 단순한 시나 사진이 아니라, 서로 다른 기호체계의 다성성이 공명하는 새로운 서정 형식으로서 디카시의 본질을 잘 보여준다.

3. 다성적 의미의 장

바르트의 텍스트론은 디지털 시대의 글쓰기, 특히 사진과 문자의 융합으로 이루어진 디카시처럼 새로운 서정 형식에 깊은 통찰을 제공한다. 바르트적 디카시에서 사진기호와 문자기호가 독립적이면서 상호작용하는 것은 바로 이 다중성과 해석의 놀이라는 개념과도 맞닿아 있다. 문자기호를 단일한 의미로 고정하지 않고, 사진과의 관계 속에서 매번 새롭게 읽어내는 방식은 바르트가 말한 텍스트의 쾌락과 다르지 않다.

바르트의 텍스트론은 하나의 윤리를 요구한다. 읽고 쓰는 일에 있어서의 자유와 책임이다. 작가 중심의 텍스트가 아니라, 독자와 해석 중심의 텍스트를 지향하는 그의 사유는, 고정된 의미에 안주하지 않고 끊임없이 새로운 의미를 생성하려는 시적 실천, 곧 디카시 창작에도 깊은 영향을 줄 수 있다. 바르트의 텍스트론은 이 시대 모든 글 쓰는 이들에게 열려 있는 가능성의 공간을 꿈꾸게 한다. 왜냐하면, 텍스트는 결코 닫히지 않기 때문이다.

바르트적 디카시는 디지털 시대에 등장한 새로운 서정 양식으로서, 사진기호와 문자기호의 이중 기호체계를 통해 기존의 단일 문자시가 구현하지 못한 다층적인 텍스트성을 구현하는 독자적인 문학 형식이다. 바르트적 디카시는 사진기호와 문자기호의 단순한 병렬을 넘어 상호작용하며 제3의 의미망, 즉 다층 텍스트를 형성한다. 이 지점에서 바르트적 디카시는 롤랑 바르트의 텍스트 개념과 본질적으로 공명한다.

바르트적 디카시에서도 사진은 단순한 삽화나 배경이 아니라, 문자기호와 대등한 기호로 작용한다. 사진기호는 감각적 직관을 통한 세계의 포착이며, 문자기호는 이에 대한 언술적 응답 또는 전유로 기능한다. 이 두 기호는 서로를 해석하고 교차 참조하며, 고정되지 않은 의미를 유동적으로 생산한다. 이러한 의미의 생성 과정이 바르트의 텍스트 개념과 일치하는 것이다.

Ⅴ. 디카시와 들뢰즈-가타리

1. 새로운 가능성 생산의 들뢰즈-가타리 철학

　들뢰즈와 가타리의 철학도 20세기 사유의 지형도를 근본적으로 바꾸어 놓은 사건이었다. 그들의 사유는 전통적 철학이 지니고 있던 결핍과 재현의 논리를 넘어, 생성과 욕망, 접속과 흐름을 새로운 철학적 원리로 내세웠다. 철학이 더 이상 주어진 실재를 재현하거나 결여를 메우는 작업이 아니라, 무에서 새로운 가능성을 창조해내는 실험적 과정이 될 수 있다는 점에서 그들의 의의는 크다.
　무엇보다 들뢰즈와 가타리는 욕망을 결핍으로 보는 오랜 서양 사유의 전통을 단호히 거부했다. 프로이트 이후 욕망은 충족되지 못한 무언가를 향한 갈망으로 이해되어 왔다. 그러나 그들에게 욕망은 이미 넘쳐흐르는 힘이며, 세계를 끊임없이 연결하고 변형시키는 기계적 생산이었다. 이때 주체란 욕망의 소유자가 아니라, 욕망의 흐름을 따라 생성되는 임시적 접속의 지점이다. 이 새로운 이해는 인간을 고정된 실체로 보지 않고, 살아 있는 과정 속에서 끊임없이 변신하는 존재로 자리매김한다.
　또한 그들은 철학의 형식을 리좀적 구조로 바꾸어 놓았다. 뿌리나 줄기처럼 중심이 있고 기원이 분명한 나무의 사유가 아니라, 흙 속에서 무수한 뻗음을 만들어 내는 리좀의 사유를 강조했다. 이 비위계적이고 다원적인 연결망은 철학이 하나의 체계로 닫히지 않고, 끝없이 확장되는 가능성의 장이 될 수 있음을 보여준다. 그래서 들뢰즈와 가타리에게 사유란 고정된 진리를 찾는 것이 아니라, 끝없이 이어지는 접속의 길을 열어젖히는 일이었다.

그들의 철학은 또한 정치적 차원에서도 중요한 의미를 갖는다. 국가와 제도의 기계가 욕망을 포획하려는 순간, 욕망은 언제나 탈영토화의 경로를 찾아 도주한다. 여기서 정치란 거대한 주체의 이름으로 조직되는 것이 아니라, 수많은 흐름과 소수적 목소리, 주변적 존재들이 얽히고 흩어지며 만들어 내는 장이다. 이러한 정치학은 오늘날 네트워크 사회와 다중의 저항을 이해하는 데 유효한 틀을 제공한다.

들뢰즈와 가타리는 철학의 본령을 새롭게 정의했다. 철학은 더 이상 고전적 의미에서 '진리의 탐구'나 '인식의 조건'에 머무르지 않는다. 그들에게 철학은 개념을 발명하고, 세계와 예술, 과학, 정치의 흐름과 접속하며, 삶을 더 강렬하게 살아가도록 돕는 창조적 활동이었다. 이로써 철학은 단순한 학문의 범주를 넘어, 삶을 새롭게 조직하고 감각을 확장하는 실험의 장으로 거듭났다.

들뢰즈와 가타리의 사유가 철학사에서 갖는 의의는 분명하다. 그들은 철학을 결핍에서 생성으로, 재현에서 차이와 반복으로, 기원에서 접속으로 전환시켰다. 그리고 이러한 전환은 단순한 이론적 혁신을 넘어, 인간이 세계와 관계 맺는 방식 자체를 바꾸는 거대한 지적 사건이었다. 그들의 철학은 닫힌 질서 속에서 길을 잃은 현대인에게, 다른 세계로 나아갈 수 있는 무수한 경로를 제시하는 지적 지도와도 같다.

2. 탈영토화와 욕망하는 기계

전통적 시는 인쇄 매체, 문단 제도, 고정된 서정 언어와 규범을 통해 '영토화된 시'로 기능했다. 시는 문학 잡지, 출판 제도, 평론가와 수용자 집단에 의해 정체성과 위계를 부여받았다. 이는 '문자기호 중심'의 체계였다.

디카시는 이로부터 이탈한다. 디카시는 사진기호와 문자기호의 멀티언어로 구성되어 문자 중심의 기호체계를 해체한다. 시인은 더 이상 '문학적 수련'을 거친 전문가만의 전유물이 아니라 프로슈머가 일상에서 감각적 사건을 포착한 몸으로도 볼 수도 있다.

디카시는 포맷(형식), 생산자, 수용자, 유통 경로 모두에서 기존의 문자시를 해체하고 새로운 기호적 공간을 연다. 이것이 바로 탈영토화의 구현이다.

들뢰즈-가타리의 욕망하는 기계는 인간은 결핍을 채우기 위한 목적론적 존재가 아니라, 끊임없이 흐름을 생산하고 접속하는 기계적 주체다. 이러한 관점에서 들뢰즈-가타리적 디카시 창작자는 시를 쓰는 주체가 아니라, 다음과 같은 회로로 구성된 기계로 이해할 수 있다.

감각-기계: 몸으로 세계를 지각하고 감응하는 회로
촬영-기계: 디지털카메라로 시각적 인상을 압축하는 회로
언술-기계: 감각을 간결한 문자기호로 전환하는 회로
송출-기계: SNS 플랫폼으로 욕망의 산물을 배출하는 회로

이러한 기계적 흐름은 선형적 내러티브가 아닌, 다층적 접속과 분산

을 지향하는 시스템이다. 들뢰즈-가타리적 디카시는 생산과 소비, 창작과 향유, 주체와 타자 사이의 경계를 허물며, 욕망의 생산 그 자체로 존재한다. 들뢰즈-가타리적 디카시는 '날시'라는 욕망의 접속점에서 발생한다. 디카시 창작의 출발점은 시적 충동 대상인 날시이다. 날시는 시인이 세계와의 감각적 만남의 장이며 욕망의 기계적 접속점이다. 이 날시는 디지털카메라(기계)로 접속하여 사진기호를 생성하고, 그 감각을 문자기호로 응축한다. 이 창작과정 자체가 욕망-기계-세계의 접속 기제다.

대리석 인도에 내려놓고 간 비둘기 깃털 위에
은행나무는 잘 익은 열매 한 알 떨어뜨려
고향 미루나무 위에 보름달을 띄워놓았습니다

— 공광규 디카시 「비둘기와 은행나무의 마음」

이 작품은 들뢰즈-가타리의 철학으로 읽어낼 때 더욱 풍성한 의미망을 드러낸다. 무엇보다 이 작품은 결핍을 채우려는 의식적 표현이 아니라, 시인이 세계와 접속하면서 발생한 우발적 사건의 기록이다. 시인은 대리석 인도 위에 놓인 비둘기 깃털과 은행나무 열매를 동시에 목격하는 순간, 그 사물들이 단순한 사물성을 넘어 새로운 관계망을 형성하는 장면을 감각적으로 받아들인다. 바로 이때 욕망하는 기계로서의 시적 감각이 작동하며, 사진기호와 문자기호라는 두 장치를 통해 의미가 생산된다.

사진기호는 깃털과 열매라는 이질적 사물이 나란히 병치된 장면을 제시한다. 이는 우연처럼 보이지만, 사실은 서로 다른 흐름들이 하나의 장에서 접속하는 사건을 드러낸다. 문자기호는 이를 해석하면서 단순한 병치를 넘어 은행나무가 깃털 위에 열매를 선물한 것이라는 새로운 의미로 변환한다. 들뢰즈-가타리의 관점에서 보면, 사진과 문자는 각각 독립적으로 의미를 만들어내는 욕망의 기계이며, 이들이 서로 접속할 때 전혀 다른 차원의 흐름이 발생한다.

더 나아가 이 작품은 깃털과 열매의 만남을 고향의 미루나무와 보름달이라는 또 다른 층위로 확장한다. 하늘과 땅, 새와 나무, 그리고 인간의 기억과 공동체적 정서가 서로 얽히며 끝없이 확산되는 것이다. 이는 나무의 뿌리처럼 위계적 질서를 전제하는 사유가 아니라, 어디서든 출발할 수 있고 어디로든 뻗어갈 수 있는 리좀적 연결망의 형식이다. 깃털은 하늘을, 열매는 땅을, 보름달은 시간과 공동체를 상징하며, 각각의 기호가 서로를 가로질러 끊임없이 새로운 의미를 낳는다.

이 작품은 하나의 닫힌 의미로 환원되지 않는다. 시적 충동으로 포착한 날시의 장면은 사진기호와 문자기호의 접속을 통해 끊임없이 변주되며, 리좀적 확산 속에서 독자에게 끝없이 열려 있는 해석의 장을 제공한다. 들뢰즈-가타리의 철학으로 본다면 이 작품은 욕망하는 기계로서 어떻게 세계와 접속하며 생성의 운동을 만들어내는지를 잘 보여주는 사례라 할 수 있다. 이 작품은 결핍을 메우려는 재현의 시학이 아니라, 생성과 접속의 시학을 구현하는 현장인 것이다.

이제 언제 당신을 볼 수 있으려나
괄호를 열며 괄호를 열어 가는 당신

– 성윤석 디카시「그믐달」

이 작품은 황혼빛 하늘에 걸린 그믐달의 미묘한 잔광을 포착한 순간에서 출발한다. 이때 창작의 기원은 단순한 풍경 감상이 아니라, 세계와 주체가 마주하는 시적 충동으로 포착한 날시이다. 날시는 결핍을 메우려는 욕망이 아니라, 들뢰즈-가타리가 말하는 욕망하는 기계로서 세계와 접속하는 하나의 운동의 실마리이다. 즉 시인의 눈은 세계를 재현하기 위해 작동하는 것이 아니라, 그 세계 속 사물과 빛의 흐름과 기계적으로 맞물려 작동한다.

사진기호는 시인이 이 날시와의 접속점에서 가장 먼저 생성된다. 어둠 속에 빛나는 달과 산맥의 윤곽, 그리고 그 아래 고요한 수면은 단순한 기록이 아니라 욕망 기계가 세계와 맞물려 낳은 첫 산물이다. 이는 사진이라 불리는 기술적 매개를 거치지만, 사실상 세계가 시적 주체에게 직접적으로 말 걸어온 흔적에 가깝다. 사진기호는 세계의 한 순간이 욕망 기계와 접속한 흔적이며, 그 자체가 생성의 장치로 기능한다.

이후 문자기호가 덧붙여진다. "이제 언제 당신을 볼 수 있으려나/ 괄호를 열며 괄호를 열며 가는 당신"이라는 언술은 달의 미묘한 빛과 어둠의 세계 속에서 부재와 기다림, 그리고 열림과 닫힘의 욕망을 드러낸다. 이는 시인이 이미 완성된 시적 언술을 쓰는 것이 아니라, 사진기호와 접속하여 흘러나온 발화이다. 문자기호는 세계를 재현하는 2차 매개가 아니라, 욕망 기계가 또 다른 장치와 맞물려 흐름을 연장하는 접속의 효과이다.

이 작품은 전체적으로 욕망 기계의 흐름을 드러낸다. 날시에서 유발된 충동이 세계와의 최초의 접촉점이라면, 사진기호는 그 접속에서 발생한 1차 생성, 문자기호는 그 생성이 언어로 변환되며 또 다른 접속을 만들어 내는 흐름이다. 들뢰즈-가타리의 관점에서 보면, 이 작품도 역시 주체의 내적 결핍을 드러내는 것이 아니라, 세계와의 연결망 속에서 의미를 생산하는 하나의 기계적 장치이다.

이 작품은 그믐달이라는 존재론적 잔광이 단순히 아름다운 풍경으로 고정되는 것이 아니라, 시적 주체의 욕망하는 기계와 접속하여 새로운 흐름을 만들어 내는 순간의 기호체계로 이해된다. 사진기호와 문자기호는 독립된 결과물이 아니라, 서로를 밀고 당기며 세계와 주체를 잇는 접속 기제다. 이 작품은 바로 이 욕망 기계의 흐름 속에서, 시적 충동의 대상인 날시가 멀티 텍스트화되는 창작의 장을 펼쳐 보인다.

3. 디지털 시대의 서정적 유목

들뢰즈-가타리의 리좀은 중심이 없고, 시작도 끝도 없이 모든 지점이 다른 지점과 연결될 수 있는 비위계적, 다중적, 탈영토화된 연결망이다. 들뢰즈-가타리적 디카시도 SNS를 통해 작동하는 방식이 바로 이러한 리좀의 구조를 따른다.

비중심성으로 누구나 창작자이며 동시에 독자이다. 접속 가능성으로서 어느 지역, 어느 시점에서든 실시간으로 텍스트에 접근 가능하다. 전이 가능성으로 고정된 의미보다 감각적 여운과 해석의 여지를 남긴다. 피드백으로 댓글, 공유 등을 통해 새로운 접속과 의미의 층위가 열린다.

들뢰즈-가타리적 디카시는 욕망하는 기계로서의 주체가 세계와 접속하여 생산한 신체적 감각, 기술적 매체, 기호적 언술이 연결된 사건으로 시 장르의 탈영토화이자 디지털 시대의 서정적 유목이다.

Ⅵ. 디카시와 미셸 푸코

1. 권력과 지식의 상호작용으로서의 푸코 담론

 푸코의 철학은 20세기 후반 인문·사회사상의 지형을 근본적으로 바꿔 놓았다. 그는 철학을 추상적 진리 탐구의 장에서 끌어내어, 권력과 지식, 담론이 어떻게 인간의 삶과 몸, 사회를 구성하는지를 추적하는 분석 도구로 재정의했다. 이 과정에서 푸코는 '철학이 무엇을 말하는가'보다 '철학이 무엇을 드러내는가'에 주목했다.

 푸코의 사유에서 핵심은 권력과 지식의 상호작용이다. 그는 지식이 단순히 객관적 진리를 반영하는 것이 아니라, 특정한 권력 구조 속에서 생산 유통·정당화된다고 보았다. 이를 통해 권력은 더 이상 억압만이 아니라, 인간을 규율하고 주체를 형성하는 생산적 힘으로 이해된다. 이 관점은 감옥, 병원, 학교, 군대 등 다양한 제도 분석으로 구체화되었으며, 『감시와 처벌』에서 제시한 규율권력 개념은 현대사회의 미시 권력 구조를 해부하는 대표적 틀이 되었다.

 그의 담론 분석 또한 철학사에 남을 만한 의의를 지닌다. 푸코는 담론을 단순한 언어의 집합이 아니라, '무엇이 말해질 수 있는가'를 규정하는 역사적·사회적 조건으로 이해했다. 『지식의 고고학』과 『성의 역사』에서 그는 역사 속에서 지식 체계가 어떻게 형성·변형되는지를 추적하며, 그 배후의 권력 작동 방식을 드러냈다. 이를 통해 철학은 고정된 본질을 밝히는 학문이 아니라, 조건과 관계 속에서 사유의 가능성을 비판적으로 탐구하는 작업이 되었다.

철학사적으로 푸코의 의의는 세 가지로 정리할 수 있다. 첫째, 권력과 지식, 주체 형성의 관계를 분석함으로써 사회 구조 비판의 새로운 틀을 제공했다. 둘째, 담론 개념을 통해 언어·지식·권력의 얽힘을 역사적 맥락 속에서 해명했다. 셋째, 철학을 제도와 일상, 실천의 장으로 확장시켜, 이론과 현실을 잇는 비판적 실천철학의 가능성을 열었다.

푸코에게 철학은 완결된 체계가 아니라, 시대의 조건 속에서 자신과 세계를 성찰하고 재구성하는 실험이었다. 그는 철학을 과거로부터 해방시키는 동시에, 현재를 비판적으로 사유하는 무기로 만들었으며, 그 점에서 그의 작업은 여전히 살아 있는 철학적 자극으로 남아 있다.

2. 시의 담론 권력으로서의 과거와 현재

푸코의 사유에서 담론은 단순한 언어의 집합이 아니라, 권력과 지식이 교차하며 세계를 규정하는 방식이다. 담론은 무엇을 볼 수 있고, 무엇을 말할 수 있으며, 무엇을 사유할 수 있는지를 결정한다. 이러한 맥락에서 디카시를 바라본다면, 그것은 시각과 언어의 담론들이 교차하는 지점에서 새로운 시적 실천이 형성되는 사건이라 할 수 있다.

디카시 창작의 원천인 날시는 푸코적 의미에서 담론 이전의 힘, 즉 아직 규범화되지 않은 '시적 충동'의 단초이다. 날시는 제도화된 언어 이전의 감각적 파동과 주체가 세계와 접속하는 최초의 생생한 반응을 유발한다. 푸코가 말한 담론의 질서가 언표를 배치하기 이전, 날시는 세계를 향해 튀어나오는 탈언표적 에너지다. 그러나 이 시적 형상은 사진기호와 문자기호라는 기호체계 안으로 들어오면서 구체적 형식을 획득한다.

사진기호는 날시의 감각적 강도를 직접적으로 봉인하는 매체이다. 렌즈는 시인의 감각이 머문 세계의 순간을 담아내며, 이로써 날시는 시각적 담론으로 전환된다. 문자기호는 이러한 시각적 담론을 다시 언어화함으로써 날시를 해석적 차원으로 이끌어 들인다. 이때 푸코적 디카시의 창작은 푸코가 지적한 담론의 이중적 작용―제한과 생산―을 동시에 수행한다.

푸코는 담론을 단순한 언어 행위로 보지 않았다. 담론은 사회 속에서 어떤 말을 할 수 있는지, 어떤 지식이 성립할 수 있는지를 규정하는 장치이며, 따라서 담론은 언제나 이중적 작용을 한다. 곧 담론은 한편으로는 말할 수 있는 가능성을 제한하고, 다른 한편으로는 그 제한을 통해 새로운 지식을 생산한다.

이 관점을 푸코적 디카시의 창작 과정에 접목하면, 날시에서 출발하여 사진기호와 문자기호로 구체화되는 과정은 바로 담론적 작용의 장 안에서 이뤄진다. 날시는 본래 언어 이전의 감각적 충동의 단초이지만, 그것이 디카시로 형상화되려면 특정한 사회적·문화적 코드를 거쳐야 한다. 사진기호가 현실을 무작정 기록하는 것이 아니라, 시인의 시선이 선택한 구도와 사회적 맥락 속에서 의미화되는 것처럼, 문자기호 또한 무한히 자유로운 것이 아니라 문화적 언어 질서 속에서 가능하게 된다. 이는 곧 담론의 제한적 작용이다. 날시는 자유롭고 무규정적인 지적 형상이지만, 디카시라는 장르적·문화적 틀 속에서 표현될 때는 담론이 허용하는 범위 안에서만 드러날 수 있다.

그러나 이 제한이 단순히 억압만을 뜻하지는 않는다. 오히려 푸코가 지적하듯 담론의 제한은 동시에 생산의 조건이다. 시인은 사진기호와 문자기호를 통해 날시를 담론화하면서 새로운 언술을 생산한다. 예컨대 사진은 단순한 사물의 기록을 넘어 시인의 감각을 표상하는 시각적 언어로 기능하고, 문자기호는 그 사진이 포착한 것을 새로운 의미망으로 확장한다. 제한 속에서야 비로소 날시가 하나의 디카시로 태어나는 것이다.

푸코적 디카시의 창작은 날시라는 자유로운 충동의 대상과 담론의 이중적 작용 사이의 긴장 속에서 가능하다. 날시가 담론의 제한에 부딪히면서 동시에 그 제한을 생산적 계기로 삼아 사진기호와 문자기호라는 멀티언어적 발화를 생성하는 것이다. 푸코적 디카시는 푸코가 말하는 담론의 역학을 가장 잘 드러내는 장르라 할 수 있다. 그것은 억압과 생산, 제한과 창조가 교차하는 자리에서 성립하는 현대적 시적 실천이기 때문이다.

또한 푸코는 담론이 권력과 분리될 수 없음을 강조했다. 푸코적 디카시 또한 언어제국과 디지털제국의 경계에서 탄생했다는 점에서, 날시가 기호화되는 과정은 단순히 미적 표현의 문제가 아니라 담론적 권력의 재편과도 연관된다. 문자만이 시라는 기존의 언어 중심 담론을 넘어, 사진기호와 문자기호가 멀티언어적 공존을 이루는 푸코적 디카시는, 기존의 시 담론을 전복하며 새로운 문학적 장을 연다.

푸코적 디카시는 날시가 사진기호와 문자기호로 기호화되는 창작 과정을 통해, 푸코적 의미에서 새로운 담론 형성의 장에 진입한다. 날시는 무규정적 감각에서 시작해 담론적 기호체계 속에서 의미화되지만, 그 과정에서 오히려 담론의 경계를 흔들며 새로운 문학적 가능성을 개척한다.

푸코가 담론을 단순히 언어의 집합으로 보지 않은 것은 담론이 지식과 권력의 얽힘 속에서 성립하며, 발화를 규정하는 동시에 새로운 현실을 생산하기 때문이다. 이러한 시각에서 볼 때, 푸코적 디카시는 날시가 사진기호와 문자기호라는 두 층위를 통해 형상화되면서, 담론의 권력 구조와 긴밀히 얽히는 창작 형식이라 할 수 있다.

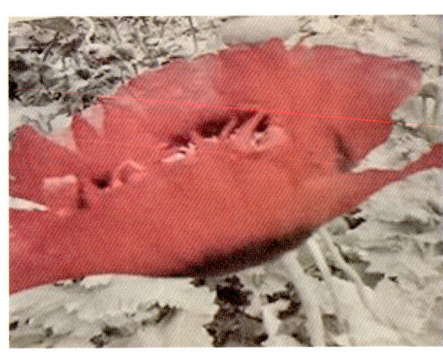

허공 중에 붉게 피어
생을 관통하는
저리도
눈부신
치명적 유혹

– 최춘희 디카시 「그리움」

이 작품의 사진 속 붉게 핀 꽃은 단순한 자연의 이미지가 아니라, "허공 중에 붉게 피어/ 생을 관통하는" 이 언술을 통해 새로운 담론적 객체가 된다. 이는 자연을 기록하는 기계적 재현이 아니라, 특정한 시선과 문화적 코드가 선택적으로 의미화한 기호이다. 푸코적 관점에서 이는 담론의 제한을 보여준다. 사진은 세계 전체를 담지 못하고, 특정한 프레임 안에서 의미화 가능한 장면만을 포착한다. 즉, 창작 과정은 문화적으로 허용된 기호적 틀 속에서 제한된다.

그러나 이 제한은 곧 새로운 생산의 계기가 된다. 이 작품의 언어는 단순한 묘사를 넘어, 꽃을 "치명적 유혹"이라는 은유적 언어로 전환시킨다. 여기서 시인은 담론의 규율 안에서만 가능한 언술-예컨대 '생명', '관통', '유혹'과 같은 개념적 어휘-을 동원하면서도, 이를 새로운 방식으로 결합해 기존 언어 체계가 갖지 못했던 새로운 의미망을 생산한다. 그 결과, 꽃은 더 이상 자연의 대상이 아니라, 생을 관통하는 치명적 유혹이라는 새로운 담론적 실체로 탄생한다.

푸코가 말한 담론의 억압과 생산의 이중 구조가 이 작품의 창작 과정에서도 드러난다. 날시는 언어로 완전히 표현될 수 없는 과잉의 충동 유발로 출발하지만, 사진과 문자라는 담론적 장치를 거치며 제한되고, 그 제한을 통해 오히려 새로운 시적 권력의 지형이 만들어진다. 시인은 자연의 이미지와 언어를 새롭게 엮어내면서, 독자에게 이전에는 존재하지 않았던 감각-의미의 장을 제시하는 것이다.

이 작품은 단순히 그리움을 표현한 서정시가 아니라, 푸코적 의미에서 담론이 새로운 현실을 구성하는 시적 권력의 실험장이라 할 수 있다. 디카시는 바로 이 지점에서, 전통적 시와는 다른 현대적 창작 방식으로 날시와 담론 권력이 교차하는 자리를 드러내는 장르로 자리매김한다.

이 너머에 길이 있다
아침도
시대도 이 너머에 있다
피었다가 지지 않는
꽃, 그대 사시사철이 있다

– 강희근 디카시 「무덤」

    이 작품은 푸코의 담론 권력 이론에 의거해, 종이책으로 표상되는 아날로그적 문자제국의 권력이 새로운 멀티언어로 구축한 디지털 제국으로 이동하는 하나의 상징담론으로 읽을 수 있다.

    이 작품의 사진기호는 시인의 서재다. 책은 빼곡히 쌓여 있고, 정리되지 않은 상태다. 책장 너머로 보이는 혼돈은 단순한 어수선함이 아니라, 질서를 상실한 지식의 퇴적물, 곧 기존의 담론 권력이 더 이상 작동하지 않는 '무덤'의 이미지다.

    푸코는 『지식의 고고학』에서 "지식은 시간 속에 층위를 이루며, 각 층은 그 나름의 담론 규칙을 가진다"고 말한다. 그러나 이 사진 속 공간은 담론이 축적되었으되 더 이상 작동하지 않는 층들이다. 푸코의 말대로라면, 이는 발굴되지 않으면 작동하지 않는 지식, 더 이상 사회를 구성하는 힘이 되지 못하는 담론이다.

    즉, 이 서재는 한 시대의 지식이 더 이상 질서와 권력으로 기능하지 못하는 고고학적 폐허를 상징한다.

문자기호는 "이 너머에 길이 있다/ 아침도/ 시대도 이 너머에 있다// 피었다가 지지 않는/ 꽃, 그대 사시사철이 있다"라고 언술한다. 여기서 '너머'는 중요한 키워드다. 너머는 과거의 지식, 정체된 질서, 작동하지 않는 문자 제국의 권력 무덤을 넘어서야만 보이는 새로운 가능성의 세계다. 시인은 이 무덤 앞에서 멈추지 않는다. 너머를 향해 사유를 던지며, 새로운 지식 질서를 구축하려는 의지를 드러낸다. '피었다가 지지 않는 꽃'은, 시간이 지나도 죽지 않는 언어, 권력, 의미 체계를 상징하며, 이는 푸코가 말한 '담론의 자기 재생산성'을 암시한다. 기존 담론이 무너졌다고 해서 지식이 죽는 것이 아니라, 새로운 조건과 규칙, 주체의 개입을 통해 다시 살아나야 한다. 그것은 디지털 제국의 새로운 담론을 환기한다.

여기서 시인은 기존 학문 담론의 수동적 수용자가 아니라, 새로운 담론의 생산자, 다시 말해 '지식 권력의 창출자'로 자신을 위치시킨다. 푸코에 따르면, 지식은 항상 권력과 연결되어 있으며, 그 지식이 작동하기 위해선 말할 수 있는 자격, 규칙, 조건이 필요하다. 디카시의 사진기호 속 책들은 더 이상 말하지 못한다. 그들은 무더기로 쌓여 있고, 연결되지 않으며, 정리되지 않으며, '말할 수 없는 것들'이다. 시인은 자신의 서재에서 책 무덤이라는 날시로부터 시적 충격을 받고 사진기호로 가져와서 문자제국의 무덤 그 너머에서 디지털 제국의 새로운 질서와 담론이 구축될 수밖에 없는 당위를 몸의 감각적 언표로써 기술한 것이다. 즉, 이 작품은 '그 너머'를 통해 새로운 질서인 디지털 제국의 담론이라는 것이 문제제국의 지식의 '무덤' 위에서 새롭게 의미가 조립되며 디지털 시대에 걸맞은 새로운 담론 체계, 새로운 질서, 새로운 권력으로 작동할 수 있음을, 무의식적 상징으로 드러내는 것이다. 이 시적 언술은 시인의 의식 층위보다는 오랜 세월 시인으로 인문학자로서의 축적된 무의식의 충동으로 드러났을 법하다. 이런 무의식적 충동이 문자제국에서 디지털 제국으로 이행의 시적 표상으로 드러났다. 이 작품의 사진기호는 고고학적 발굴의 장면이며, 문자기호는 그 발굴된 유물에서 곧바로 무덤 그 너머의 비전으로 디지털 세계 질서 도래를 직시한 것이다. 다시 말해 이 작품은 더 이상 작동하지 않는 지식의 잔해들 위에서, 디지털 담론이라는 새로운 언어 질서와 주체성을 통해 지식과 권력의 재구성, 새로운 담론 체계의 디지털 제국의 도래를, 푸코 담론의 시적 실현으로 보여주었다.

3. 새로운 시 쓰기의 역사

푸코 철학을 원용하면 전통 시 담론과 디카시 담론 구조를 잘 밝힐 수 있다. 기존의 시 담론은 특정 엘리트 지식인의 권위와 문단 제도에 의해 규정되었다. 시는 고상한 언어의 예술로, 난해하고 해석 가능한 구조만을 시로 여겼다. 반면, 디카시는 그 담론 구조 자체를 흔드는 새로운 멀티언어예술 행위이다.

푸코적 디카시는 어떻게 새로운 시의 담론이 되었는지를 몇 가지로 말할 수 있다. 첫째, 담론의 전환으로 시 창작 주체의 변화이다. 푸코의 말대로, "누가 말할 수 있는가?"는 권력의 문제이다. 디카시는 손 안의 컴퓨터 스마트폰 내장 디카를 든 누구나 자신의 감각을 멀티언어로 표현할 수 있는 가능성을 열었다.

이는 곧 "시를 말할 수 있는 권리"가 더 이상 문단에 국한되지 않고 디지털 대중에게 이양되었음을 뜻한다. 이는 푸코가 말한 '발화 가능성의 조건 변화', 즉 담론 지형의 재편이다.

둘째, 새로운 규칙으로서 디지털 시대의 시적 형식이다. 디카시는 순간 포착으로 사진과 짧은 언술의 병치라는 새로운 형식 규칙을 가지고 있다. 푸코는 담론이 "무엇이 말해질 수 있는가"뿐만 아니라, "어떻게 말해야 하는가"까지 규정한다고 보았다. 디카시도 디지털 시대에 맞는 시의 형식 규칙을 새롭게 구성함으로써, 그 자체로 하나의 새로운 문학 담론 체계가 된 것이다.

셋째, 권력의 탈중심화로서 리좀적 확산 구조이다. 푸코가 후기에 강조한 "권력의 미시적 분산"처럼, 디카시는 문학 권력이 중심에서 주변으로 탈중심화되고, 수평적으로 확산되는 리좀적 구조를 반영하며 전개되고 있다.

디카시는 특정 작가와 출판사 중심의 중심화된 담론 권력이 해체되고, 다양한 사람들이 자신의 감각과 삶을 멀티언어로 표현하며 시적의 주체가 되는 구조이다. 디카시는 이 시대정신을 가장 직접적이고 자연스럽게 문학의 형식과 수용의 구조 속에 구현하고 있다.

푸코적 디카시는 기존의 시 담론을 해체하고 새로운 시적 담론 체계를 구축한 문학사적 사건이다. 이는 단지 시의 형식 변화가 아니라, 누가 말할 수 있고, 어떤 말이 '시'로 받아들여질 수 있는가에 대한 담론 권력의 재구성이었다. 그것은 감각의 즉시성, 참여성, 네트워크성 같은 디지털 정신과 맞물리면서 시의 '고고학적 층위'를 넘어서는 새로운 역사를 쓰게 한다.

Ⅶ. 디카시와 자크 데리다

1. 데리다의 해체 사유

서구 철학의 역사는 흔히 진리의 탐구, 중심의 확인, 기원의 회복을 지향해왔다. 플라톤의 이데아에서부터 데카르트의 코기토, 그리고 하이데거의 존재 물음에 이르기까지, 철학은 늘 어떤 근원적 토대를 찾아내고자 했다. 그러나 데리다는 이 전통 속에 은밀히 작동해온 중심에 대한 집착을 해체하려 했다. 그는 철학이 의지해온 그 기초 자체가 사실은 불안정하고, 늘 차이와 흔들림 속에서만 성립한다는 사실을 드러냈다.

데리다가 제시한 해체(deconstruction)는 단순히 파괴나 해소가 아니다. 오히려 그것은 텍스트 속에 이미 숨어 있는 긴장과 모순, 그리고 주변으로 밀려난 의미들을 드러내는 과정이다. 이를 통해 데리다는 '진리'가 단일하고 확고하다는 전통적 믿음을 무너뜨렸다.

이러한 사유는 구조주의가 가진 안정적 질서의 환상에도 균열을 냈다. 구조주의가 언어 체계를 일정한 법칙과 구조로 파악하려 했던 데 비해, 데리다는 그 구조 자체가 끊임없이 흔들리며 의미는 고정되지 않는다고 보았다. 그 결과 그는 푸코, 들뢰즈·가타리와 함께 포스트구조주의의 한 축을 형성했다.

데리다는 언어와 의미, 그리고 사유의 구조를 근본적으로 의심하는 철학자였다. 그의 작업은 단순히 기존 체계를 부정하는 것이 아니라, 그 체계가 성립하는 조건 자체를 파헤치는 데 있었다. 그는 우리가 사용하는 모든 개념과 담론이 안정된 토대 위에 있는 듯 보이지만, 사실은 수많은 차이와 흔들림, 그리고 결핍 위에 서 있다고 보았다.

그의 사유에서 핵심적인 개념 중 하나는 차연이다. 차연은 두 가지 의미를 동시에 품는다. 첫째, '차이'로서 사물과 사물, 기표와 기표 사이의 구분. 둘째, '연기'로서 의미가 완전히 확정되는 순간이 무기한 뒤로 밀려난다는 뜻이다. 하나의 기표를 들었을 때, 그것이 가리키는 기의는 즉시 고정되지 않는다. 대신 다른 기표로, 또 다른 의미로 끊임없이 이어지고 변이된다. 이 과정에서 의미는 결코 하나로 완결되지 않고, 끊임없이 미루어지며 흔들린다.

또 다른 중요한 개념은 '보충'이다. 보충은 겉보기에는 결핍을 메우기 위해 등장하는 것 같지만, 실은 그 자체가 새로운 결핍을 드러낸다. 즉, 원본을 완성시키는 듯하면서 동시에 원본의 불완전성을 폭로한다. 이 개념은 언어와 사유의 구조가 어떻게 무한히 확장되고 수정되는지를 설명하는 열쇠가 된다.

데리다는 또한 서구 형이상학이 전제해 온 중심의 개념을 해체했다. 중심은 의미 체계의 기준점, 즉 변하지 않는 확실성을 제공한다고 여겨졌지만, 그는 그 중심조차 언어와 기호의 네트워크 속에서 흔들린다고 보았다. 중심은 언제나 다른 요소와의 관계 속에서만 정의되며, 그 관계가 변하면 중심도 바뀐다.

이러한 해체 사유의 특징은 다음과 같이 정리할 수 있다. 첫째, 의미는 고정되지 않으며, 무한한 차이와 연기의 과정 속에 존재한다. 둘째, 모든 체계는 중심을 가진 듯 보이지만, 그 중심은 항상 불안정하다. 셋째, 보충은 완성을 제공하는 동시에 결핍을 드러낸다. 넷째, 언어와 사유의 구조는 본질적으로 열린 체계이며, 끝없는 해석의 가능성을 품고 있다.

데리다의 철학은 보는 세계가 단일한 의미로 수렴하는 완결된 구조가 아니라, 해석의 틈과 흔들림 속에서 끊임없이 생성·소멸하는 관계망임을 드러낸다. 이 틈과 흔들림은 불완전함이 아니라, 오히려 사유와 창조의 가능성을 여는 원천이다.

2. 다중기호성과 해체구조

데리다적 디카시는 다층적 텍스트성을 지니며, 이 구조 자체가 데리다의 해체론과 접점을 형성한다.

데리다적 디카시의 시적 충동의 대상인 날시도 디카시의 원천으로 '기원 없는 기원'이다. 날시는 존재가 시인의 몸을 자극하며 생성되는 감각적 사건이며, 데리다의 흔적 개념과 연결된다.

날시는 카메라 셔터를 누르기 전, 혹은 종이에 단어를 적기 전, 시인의 내면에서 먼저 일어나는 시적 전율의 단초이다. 그것은 아직 기호화되지 않은 채, 감각과 직관의 원형으로 존재한다. 빛의 결이 변하는 찰나, 사물의 표면에서 느껴지는 설명할 수 없는 울림—이것들이 이미지와 언어 이전에 시인을 덮친다.

데리다가 말하는 흔적은 '무언가가 있었음'을 알려주는 자취이지만, 그 자취는 언제나 부재의 증거다. 현재라는 시간은 스스로 완전할 수 없으며, 언제나 이미 지나간 것과 아직 오지 않은 것이 겹쳐져 있다. 즉, 흔적은 존재와 부재의 경계에서만 성립한다.

날시가 발생하는 순간은 이 흔적의 역동과 닮아 있다. 시인이 자연이나 사물을 마주할 때, 현실에 '있는 것'이 아니라, 이미 사라지며 남기는 흔적의 형상일 수도 있다. 아직 이미지나 언어로 변환되지 않았지만, 이미 마음속에는 날시에서 유발되는 '지나감의 기운'이 어른거린다. 이 시적 형상은 완전한 현재가 아니라, 과거의 기억과 미래의 예감이 동시에 스며든 시간성 속에서만 가능하다.

사진기호나 언어기호는 이러한 날것을 붙잡으려 하지만, 붙잡는 순간 원형은 사라지고, 기록된 흔적만 남는다. 데리다의 관점에서 본다면, 이 과정은 단순한 상실이 아니라 창조의 시작이다. 원본은 결코 온전히 보존될 수 없기에, 흔적은 새로운 해석과 형상을 낳는다.

따라서 날시는 다음과 같은 철학적 의미를 갖는다.

기호 이전의 흔적으로 날시는 이미지와 언어로 가공되기 전, 감각 속에서 발생하는 순수한 흔적의 형상이다. 부재 속의 존재인 날시는 순간이 사라지면서도 남기는 감흥의 자취이며, 이 부재가 오히려 시적 창조의 조건이 된다.

날시는 흔적의 가장 첫 지점, 아직 이름 붙여지지 않은 시의 원형이다. 그것은 완전한 현재를 거부하고, 사라짐 속에서만 드러나는 존재의 울림을 포착하려는 시인의 내면적 사건에서 드러나는 시적 형상이다. 데리다의 해체 철학에서 흔적이 의미 생성의 근원이라면, 날시는 바로 그 근원과 가장 가까운 자리에서 일어나는 시적 체험의 단초이다.

날시는 구조화되기 이전의 무정형적 충동의 단초 즉 이미지 언어화 이전의 미분화된 시적 존재 감응을 유발한다.

사진기호와 문자기호는 모두 이 날시의 차연된 흔적이다. 디카시는 해석이 아니라 감응의 다중기호적 흔적이다.

차 뒷문에 누가 시옷을 새겨놓았다
人 자로도 보인다 사람부터 되라는 뜻인가
씩씩거리다 시옷 옆에 ㅣ를 긋는다
시 속에 앉아 시동을 건다
비싼 시 한 대 생겼다

— 박지웅 디카시 「시적 용인」

이 작품의 차의 표면에 남겨진 흠집은 보통의 눈에는 단순한 손실과 훼손의 흔적으로 보일 뿐이다. 그러나 시인의 시선은 이 부정적 흔적을 의미의 사건으로 전환한다. 누군가 무심코 새겨놓은 '시옷(ㅅ)'은 단순한 긁힘이 아니라 기호학적 파열로 출현한다. 그것은 상처의 자국이면서 동시에 사람(人)의 형상이고, 또한 시(詩)의 첫 자음이기도 하다. 이 다중의 흔적 속에서 시인은 순간적으로 시적 충동의 단초로 날시를 포착한 것이다.

데리다의 언어를 빌리자면, 흠집은 단일한 의미로 환원되지 않고 차연의 장 속에서 미끄러지며 흔적으로 남는다. 원래는 파괴의 흔적이었으나, 시인은 그 잉여적 흔적을 붙잡아 사진기호로 기록하고, 다시 문자기호로 표기한다.

사진 속의 차 표면은 '객관적 기록'을 제공하는 듯하지만, 그 기록은 이미 시인의 시선에 의해 전유되고 해체된다. 'ㅅ'이라는 흔적은 한글 자음으로 읽히며, 동시에 단순한 긁힌 상처로도 보인다. 사진기호와 문자기호는 이 지점에서 서로 교차하며, 의미는 하나로 수렴하지 않고 차연 속에서 미끄러진다. 'ㅅ'은 사람(人)을 암시하면서도, 시(詩)의 머리글자로 기능하고, 또 상처의 이니셜처럼 읽힌다. 이렇게 하나의 흔적은 무수한 해석 가능성을 열어젖힌다.

여기서 흥미로운 것은 시적 용인의 역설이다. 흠집은 본래 부정적 행위의 결과지만, 시인은 그것을 시적 생성의 조건으로 받아들인다. 흠집이 없었다면 이 작품은 존재하지 않았을 것이며, 따라서 파괴는 곧 창조의 전제가 된다. 데리다의 관점에서 보면, 이는 부정적인 것의 생산성을 보여준다. 흔적은 결코 원본으로 회귀하지 않고, 늘 새로운 의미를 지연시키면서 시적 텍스트를 만들어낸다.

이 작품은 "비싼 시 한 대 생겼다"라는 마지막 역설적 선언으로 귀결된다. 차의 흠집이라는 손실은 언어와 기호의 장에서 시적 가치를 얻게 된다. 경제적 손해가 상징적 가치로 전환되는 순간, 기호는 단일한 의미에 고정되지 않고, 사진-문자-흔적의 미끄러짐 속에서 차연의 놀이를 수행한다. 이 작품은 데리다의 해체적 담론 속에서, 파괴된 흔적을 새로운 시적 충동으로 전환하는 과정을 드러낸다. 기호는 더 이상 원본을 재현하는 도구가 아니라, 흔적과 차연 속에서 끊임없이 분산되고 생성되는 시적 사건이다.

안녕 이카로스 씨
거기 있었다는 거 다 알아요
말은 공기와 구름으로도 전달되고요
집에 도착하면 카톡하세요

– 권민경 디카시 「비행기구름」

 이 작품의 창작의 근원도 사진–언어 기호체계 이전에 작용하는 시적 충동을 불러일으키는 날시다. 이 작품에서 날시는 사라지는 존재의 흔적, 부재와 소통, 상실과 귀환이라는 감정들이 즉각적으로 몰려오게 하는 저녁 하늘을 가로지르는 비행기구름이라는 공간적 장면이다. 이처럼 날시는 사진으로 포착되기 전에 세계를 감각하는 몸이 세계와 직접적으로 충돌하며 감지하는 최초의 시적 계기이다.

 날시를 찍은 사진기호는 저녁하늘을 가로지르는 한 줄기 비행기구름이다. 그 선은 더 이상 하늘에 머물지 않는, 곧 사라질 존재의 흔적이다. 데리다에 따르면 흔적이란 현존하지 않지만 여전히 의미작용을 일으키는 부재의 형태이며, 그 흔적은 특정한 의미로 귀결되지 않고 끊임없이 다른 기표를 지시하며 미끄러지는 차연 속에 놓인다.

 비행기 구름은 이미 지나간 존재의 흔적으로 남았으되, 그 실체는 사진 속에 부재한 채로 응시된다. 이 이미지는 '이카로스'라는 신화 속 주인공을 부르면서도, 그 의미를 닫지 않고 계속 미끄러지게 만든다. 즉, 사진기호는 날시로 포착된 형상을 물리적으로 고정하려는 시도이지만, 해체론적으로는 이 이미지 자체가 지워지고, 이탈하고, 열려 있는 기호가 된다.

"안녕 이카로스 씨/ 거기 있었다는 거 다 알아요/ 말은 공기와 구름으로도 전달되고요/ 집에 도착하면 카톡하세요" 이 시적 언술은 날시의 감응을 언어로 환원하려는 시도지만, 그 언어 역시 고정되지 않는다. '이카로스'는 신화의 주인공이지만, 여기서는 실재하는 듯, 말 걸리는 존재이다. "거기 있었다는 거 다 알아요"는 존재의 확인이자 부재의 역설이다. "카톡하세요"는 현대적 일상어의 삽입으로 시적 언어의 경계를 해체하고, 기표 간의 충돌을 발생시킨다. 이 문자기호는 기표와 기의의 안정된 결합을 거부하고, 의미는 구름처럼 부유하며 미끄러지고, 사진에서 시작된 흔적은 언어 속에서도 종결되지 않는다.

데리다의 해체론에서 말하는 것처럼, 이 언술은 의미를 말하려는 순간마다 지연되고 다른 기호로 대체되는 구조를 보여준다. 디카시의 핵심은 사진기호와 문자기호의 병치이며, 이 병치는 해석을 단일한 중심으로 수렴시키지 않는다. 사진은 날시의 감응을 포착한 형상이자, 존재의 사라짐을 암시하는 흔적의 이미지이며, 언어는 그 흔적을 말하려는 시도이지만, 오히려 말의 불가능성을 드러낸다. 두 기호는 서로를 해설하지 않고, 오히려 의미의 간극을 드러내며 열린 구조로 남는다. 이런 병치는 데리다의 해체론이 말하는 의미의 불안정성, 끝없이 미루어지는 해석의 지평을 시각적으로 구현한다. 이 작품은 바로 그 미완성, 흔들림, 해체되는 의미의 장 속에서, 사라지는 것의 감각을 해체적 텍스트로서 열어놓는다.

3. 해체적 감흥의 공간

앞의 작품 분석에서 드러나듯, 데리다적 디카시는 사진기호와 문자기호의 다중기호 구성 속에서, 날시를 중심 없는 방식으로 표현한다. 이 두 기호는 해석적으로 일치하지 않으며, 오히려 독자에게 불확정성과 차연의 감각을 제공한다.

사진기호는 현실 세계의 시각적 흔적이다. 사진은 대상을 재현하지 않으며, 그것 자체가 하나의 기표로 존재한다. 사진은 날시의 흔적이자 그 잔여로, 자연에서 감각적으로 포착된 존재의 흔적이다. 사진은 그 자체가 완결된 의미를 제공하지 않는다. 문자기호는 날시의 언어다. 문자기호는 사진기호를 해석하거나 환원하는 기능이 아니다. 오히려 자연이나 사물로부터 직접 발생한 날시를 감각적으로 포착한 창작자가, 그것을 언어의 기호로 구성해 낸 또 다른 텍스트이다. 이 문자기호는 사진기호로 환원되지 않으며, 기표의 또 다른 분기이자 차연 구조 속의 다른 텍스트 경로이다.

데리다적 디카시에서 사진기호와 문자기호는 비대응성이다. 두 기호 체계는 동시적이되 비대칭적이며, 서로 독립적인 차연 경로를 가진다. 독자는 이 두 기호를 결합하거나 대비하며 읽지만, 의미는 항상 미끄러지고 다중적으로 분산된다. 데리다적 디카시는 더 이상 의미를 고정하거나 설명하려 하지 않고, 해체적 감응의 공간으로 독자를 초대하는, 디지털 시대의 새로운 서정 양식으로 자리매김한다.

Ⅷ. 디카시와 발터 벤야민

1. 기술복제 시대의 예술

벤야민에게 기술과 예술의 결합은 단순한 재현 수단을 넘어, 예술 경험과 사회적 인식 자체를 재편하는 중요한 철학적 문제였다. 그의 대표적 저서 『기술복제 시대의 예술작품』에서 이 결합은 특히 '아우라(Aura)' 개념을 통해 설명된다. 아우라는 전통적 예술 작품이 가진 고유한 존재감과 역사적 권위를 의미하며, 원본성과 장소, 시간을 포함한 독특한 맥락 속에서 형성된다. 발터 벤야민에게 '아우라'란 단순한 예술작품의 분위기나 장식적인 빛을 의미하지 않는다. 그것은 오히려 예술작품이 지닌 고유하고 유일한 현존성, 그리고 시간과 공간 속에서 반복 불가능한 존재 방식의 총체다. 원본 작품 앞에 섰을 때 느끼는 '한 번뿐인 만남'의 감각, 그것이 아우라다.

그러나 벤야민은 20세기 초 대중매체 기술, 특히 사진과 영화의 등장으로 아우라가 붕괴된다고 진단했다. 복제 기술은 작품을 무한히 재현하며, 그 과정에서 원본이 가진 물리적·역사적 맥락이 흐려진다. 모나리자가 파리 루브르에 걸려 있을 때 느껴지는 고유한 현존성은, 수천만 장의 인쇄물과 디지털 이미지 속에서 점차 사라진다.

이 아우라의 상실은 단지 미학적 문제만이 아니다. 예술작품의 권위, 종교적·주술적 기능, 그리고 작품을 대하는 경건한 태도가 무너지고, 대신 작품은 정치·사회적 의도 속에서 대중과 새로운 방식으로 만난다. 벤야민은 이것을 위기이자 가능성으로 보았다. 아우라가 사라짐으로써, 예술은 더 이상 소수의 전유물이 아니게 되고, 대중의 적극적인 참여와 해석 속에 재탄생할 수 있게 된다. 기술적 재생산은 새로운 예술적 가능성을 창출한다. 예를 들어, 영화와 사진은 기존 회화와 달리 시간과 공간의 제약을 넘어 순간을 포착하고, 다양한 시점에서 관람자가 현실을 경험하도록 만든다. 기술과 예술의 결합은 이렇게 예술을 관람자의 직접적 체험 속으로 끌어들임으로써, 사회적·정치적 효과를 확장할 수 있다. 벤야민은 이를 '대중적 접근과 비판적 시각의 가능성'으로 보았다.

즉, 기술과 예술의 결합은 두 가지 층위에서 의미를 가진다. 하나는 아우라의 상실을 통해 예술 전통의 고유성을 해체하는 구조적 효과이고, 다른 하나는 대중에게 예술을 새롭게 경험하게 하며 사회적·정치적 변화를 가능하게 하는 기능적 효과다. 벤야민의 사상에서 기술과 예술은 서로 대립하는 것이 아니라, 긴장 속에서 상호작용하며 새로운 경험과 사유를 촉발하는 장치로 존재한다.

벤야민의 아우라 개념은 예술과 기술, 진정성과 복제성, 개인적 경험과 대중적 향유 사이의 긴장을 읽어내는 창이다. 오늘날 디지털 이미지와 인공지능 예술의 시대에, 다시 묻게 된다. 원본 없는 예술 속에서, 과연 새로운 아우라는 어떤 방식으로 생성될 수 있을까?

벤야민의 아우라 논리에 따르면 디지털 환경에서 창작되는 디카시 역시 사진이라는 기호의 복제 가능성 때문에 아우라가 결여된 것으로 보일 수 있다.

그러나 벤야민적 디카시는 단순한 사진+시가 아니며, 기술과 예술의 결합 표상으로 디지털 테크놀러지를 시쓰기의 도구로 창조적으로 수용하면서도 오히려 아우라를 새롭게 재구성한다.

2. 인간-기술-언어의 복합적 창작

벤야민의 기술과 예술의 결합 관점에서 보면, 디카시는 현대 예술의 새로운 가능성을 구현하는 독특한 서정 양식으로 이해할 수 있다. 디카시는 사진기호와 문자기호라는 두 가지 매체를 결합함으로써, 전통적 시와 회화에서 경험할 수 없었던 새로운 예술적 체험을 제공한다. 사진기호는 특정 순간과 장소, 사물의 질료적 실재를 포착하며, 벤야민이 말한 '기계적 재생산'의 특징을 그대로 지닌다. 이는 디지털 매체를 통해 쉽게 공유되고 재생산될 수 있지만, 동시에 포착된 순간의 독창성과 시적 충동의 단초인 '날시'를 통해 고유한 아우라를 형성한다.

벤야민적 디카시는 사진기호의 기계적 재생산성을 통해 현실의 순간을 포착하면서도, 문자기호의 시적 언술로 그 순간을 새롭게 읽고 해석하게 만든다. 이 과정에서 아우라는 원본성의 상실이 아니라, 디지털 시대에서도 재현되는 새로운 존재감으로 전환된다. 벤야민적 관점에서 볼 때, 디카시는 기술 매체를 활용하면서도 사진기호와 언술적 상상력을 결합하여 예술을 새롭게 경험하게 만드는 현대적 실천이다.

벤야민적 디카시 창작은 우연한 기술적 촬영이 아니라 몸의 지각이 세계를 감각적으로 받아들이는 시적 충동의 대상인 날시를 기반으로 한다. 이 날시는 다시 스마트폰 내장 디카라는 디지털 기술을 통해 포착되지만, 이는 기술적 반복이 아니라 단 한 번의 존재적 사건이다. 즉, 디카시의 사진기호는 복제 가능한 이미지가 아니라 날시의 흔적을 지닌 유일한 감각적 창작물이다. 디카시가 사진기호의 원본성을 중시하는 것도 이 까닭이다. 가능하면 사진기호는 원본 그대로 하는 것을 원칙으로 훼손이나 변형을 하지 않는다는 점에서 지나친 포토샵 같은 것도 경계한다.

벤야민적 디카시의 사진기호는 복제가 아닌 '현존의 1회성'을 담은 창작 행위의 산물이기에, 아우라의 붕괴가 아니라 새로운 아우라의 생성으로 이해된다.

벤야민적 디카시는 디지털 환경을 적극 활용하지만, 그 창작의 중심은 기계를 넘어 시인의 몸, 감각, 언어에 있다. 디지털 테크놀러지는 창작의 수단이지만, 그 본질은 몸으로 세계를 지각하고, 사진기호와 문자기호라는 이중의 기호로 날시를 형상화하는 인간-기술-언어의 복합적 창작이다. 이는 기술 자체로만 구성된 이미지들과 본질적으로 다르다.

벤야민적 디카시는 기술을 '시적 도구'로 전환함으로써, 테크놀러지에 예속되지 않고 예술을 갱신하며, 기계화된 이미지의 비감각성과는 다른 '감각의 원본성'을 회복한다.

벤야민이 아우라의 붕괴를 논한 것은 작가의 현존이 결여된 복제 이미지의 대량 생산에 대한 비판이었다. 그러나 벤야민적 디카시는 기술 복제물의 익명성과 달리 창작자의 감각, 시선, 정동이 직접 개입된 유일한 시적 행위이며, 디지털 이미지임에도 불구하고 시인의 존재가 현존하는 원본성을 유지한다.

또한 벤야민적 디카시의 사진기호도 문자기호와의 다중 언어적 상호작용 속에서만 온전히 의미를 구성한다. 이는 단순한 시각 이미지가 아니라, 시인의 감각과 언어가 교직된 다층적 텍스트이며, 그 자체로 복제할 수 없는 의미의 장이다.

벤야민적 디카시의 사진기호는 시인의 감각과 날시의 흔적이 결합된 실존적 흔적이므로, 디지털 이미지이면서도 아우라를 구성한다.

삼겹살에 돼지국수로 저녁잔치는 끝이 나고
심야의 주인장은 철 지난 뉴스에 취해 조는데
오지 않는 객을 기다리는 밤바람의 그림자
느닷없는 뽕짝이 별빛의 옆구리를 간지럽히면
시간은 어떤 표정으로 내일을 맞이하려는가

― 김종태 디카시 「자정의 가야시장」

이 작품은 디지털 매체 시대에 창작되는 디카시가 단순히 아우라를 잃은 복제물에 불과한 것이 아님을 잘 드러낸다. 이 작품은 자정의 텅 빈 시장 풍경을 촬영한 사진과 시적 언어를 결합하여 창작된 디카시다. 사진은 누구나 찍을 수 있을 듯 보이지만, "삼겹살에 돼지국수로 저녁잔치는 끝이 나고/ 심야의 주인장은 철 지난 뉴스에 취해 조는데"라는 언어가 병치되면서, 이 사진은 단순한 복제 가능한 이미지가 아니라 현장에서 직접 포착한 날시로 유발되는 시적 충동 체험의 흔적으로 변모한다. 바로 이 지점에서 벤야민이 말한 아우라가 새로운 차원에서 되살아난다.

물론 사진은 여전히 무한히 복제 가능하다. 하지만 디카시의 핵심은 복제 자체가 아니라, 시인이 시적 대상인 날시를 마주한 그 순간, 자정이라는 특정 시간과 장소에서 느낀 정조가 텍스트 속에 새겨진다는 데 있다. 사진기호와 문자기호의 결합은 그 누구도 동일하게 재현할 수 없는 체험의 리듬을 드러내며, 독자는 이를 통해 여전히 유일무이한 현존을 경험하게 된다. 이것이 바로 디지털 환경 속에서 재구성되는 디지털 아우라다.

이 작품은 대량복제 시대에도 여전히 시적 충동의 유일무이성을 환기하는 사례라 할 수 있다. 사진은 무한히 공유되지만, 그 사진을 관통하는 시적 언술은 자정의 스산한 기운과 주인장의 고독, 그리고 텅 빈 시장의 정조를 한 번뿐인 체험의 현존으로 독자에게 건넨다. 벤야민이 진단했던 아우라의 상실은, 디카시라는 형식을 통해 오히려 새로운 방식으로 극복되고 있는 것이다.

누추한 속옷 내걸린 목련나무 빨랫줄
꽃이 어느 시간 속을 이동해 사라지는 것처럼
축축해진 옷을 입은 사람의 시간도 말라 간다
빨래에서 떨어지는 물방울 받아먹는
야생고양이 한 마리의 시간

― 박서영 디카시 「목련나무 빨랫줄」

 이 작품은 사진기호의 누추한 속옷 너머 핀 목련나무는 기술적 재현이 아니라 시인이 느낀 시간의 감각을 몸으로 감응한 결과다. 꽃과 속옷, 발코니와 고양이는 세계의 상징이 아니라 실재로서의 '감각적 장면'이다. 이것이 바로 디지털 이미지에서 다시 살아나는 감각적 아우라다. "축축해진 옷을 입은 사람의 시간도 말라 간다"라는 시적 언술은 사물의 의미를 해설하지 않고, 그 곁에 머물며 감각적 현존을 언어로 재생한다. 사진기호와 문자기호는 의미를 설명하거나 종속시키는 관계가 아니라, 서로의 감각을 증식시키며 새로운 층위를 구성한다. 이 상호작용은 기계적 복제가 결코 만들어낼 수 없는 '지각의 깊이'와 '시간의 감응'을 생성한다. 바로 여기에 디지털 아우라의 본질이 있다. 디카시 창작에 있어서의 시적 충동의 장면은 반복되지 않는다. '그 날, 그 거리, 그 빛' 아래서만 가능한 창작이다.

 이 유일성은 '기술적 복제 가능성'과는 상관없이 몸으로 지각된 실존의 흔적이라는 점에서 전통적 아우라를 대체하는 디지털 아우라가 된다. 빨랫줄에 걸린 속옷, 축축한 옷, 물방울, 고양이. 이 일상적 사물들은 시인의 감각적 언어를 통해 의미의 층위를 획득한다. 복제된 이미지가 아닌, 감각적으로 '다시 태어난 이미지'로서 디지털 아우라가 발생한다. 이 작품에는 과거(속옷의 추억), 현재(말라가는 시간), 미래(야생고양이의 감각)가 교직된다. 이 다층적 시간 구조는 단순한 시각 이미지가 아니라, '시간의 흔들림'을 느끼게 하는 아우라적 시간성이다.

디카시는 기술복제 시대에도 예술이 지닐 수 있는 감각적 깊이, 존재의 밀도, 시간의 흔적을 되살린다. 이는 전통적 아우라의 대체물이 아니라, 새로운 방식으로 감각과 실존을 매개하는 '디지털 아우라'의 구현이다. 이 작품은 디지털 기술이 감각을 억압하는 것이 아니라, 오히려 감각을 재구성하고 창작의 가능성을 확장할 수 있음을 보여준다.

3. 감각적 아우라의 복원

벤야민적 디카시는 디지털 매체 시대의 예술이 단순히 복제와 소멸의 운명에 갇혀 있지 않으면서 디지털 시대 새로운 길을 열어갈 수 있음을 제시한다. 벤야민적 디카시는 디지털 기술을 단순한 복제의 수단으로 전락시키는 것이 아니라, 오히려 디지털을 통해 일회적 존재의 감각을 표현하는 새로운 방식의 서정시학을 실현한다.

벤야민적 디카시는 단순한 사진 예술도, 기성 시의 디지털화도 아니다. 디카시는 디지털 기술을 감각적 창작의 도구로 전환하며, 몸-지각-기술-언어를 융합하는 새로운 시적 실천이다. 복제의 시대에 날시의 순간성과 감각의 현존을 담아내는 벤야민적 디카시는, 오히려 디지털 시대의 감각적 아우라를 복원하는 새로운 서정의 장르이며, 역설적으로 아우라 붕괴론을 넘어서는 창조적 반전이다.

Ⅸ. 디카시와 장 보드리야르

1. 보드리야르의 시뮬라크르

장 보드리야르의 철학은 후기 현대사회를 해명하는 데 하나의 전환점을 마련한다. 그는 전통적인 마르크스주의가 자본주의 사회를 생산의 관점에서 분석한 것과 달리, 현대사회를 소비와 기호의 체계로 설명하였다. 사람들은 더 이상 상품의 실용적 효용만을 구매하지 않는다. 그보다는 상품이 지닌 상징적 가치, 곧 기호를 소비한다. 자동차를 사는 것은 단순히 이동 수단을 얻는 행위가 아니라, 그것을 통해 사회적 지위를 드러내고 정체성을 표출하는 기호를 선택하는 행위인 것이다. 이러한 분석을 통해 보드리야르는 자본주의가 생산 중심에서 기호 소비 중심으로 이행했음을 통찰했다.

보드리야르의 가장 도발적이면서도 영향력 있는 사유는 '시뮬라크르'와 '시뮬라시옹' 개념에서 드러난다. 그는 현대사회가 더 이상 실재를 반영하는 단계에 머물지 않고, 이미지와 기호가 스스로 새로운 현실을 구성하는 지점에 이르렀다고 보았다. 그가 말한 '하이퍼리얼리티'는 실제보다 더 실제 같은 모의현실이다. 광고, 텔레비전, 인터넷, 심지어 정치적 사건들까지 실재의 복제가 아니라 이미지와 기호의 놀이 속에서 존재한다. "걸프전은 일어나지 않았다"라는 보드리야르의 급진적인 선언은, 전쟁 자체가 미디어의 이미지 전쟁으로 치환되었음을 드러내는 상징적 표현이다. 현실은 존재하지만, 우리가 경험하는 현실은 언제나 기호와 매체를 거쳐 변형된 모의 현실이라는 것이다.

이러한 통찰은 철학사적으로 중대한 의의를 갖는다. 보드리야르는 구조주의와 마르크스주의를 비판적으로 계승하면서, 후기 구조주의와 포스트모던 철학의 핵심 흐름을 형성했다. 그는 실재와 기호의 관계, 허구와 진리의 경계를 근본적으로 뒤흔들었다. 이는 단순한 이론적 선언이 아니라, 현대인의 삶과 사회를 분석하는 새로운 패러다임을 제공한다. 정보와 이미지, 가상과 시뮬라크르가 지배하는 오늘날의 디지털 사회에서 그의 사유는 더욱 선명한 빛을 발한다.

보드리야르의 철학적 의의는 결국 '현실은 무엇인가'라는 가장 근본적인 물음을 다시 제기한 데 있다. 그는 현실이라고 믿는 것이 실상 끝없는 기호와 이미지의 순환 속에 놓여 있음을 드러내었다. 이 불편한 진실은 인간의 존재방식과 사회적 경험을 재사유하도록 요구한다. 보드리야르는 현대 사회를 이해하기 위해 반드시 거쳐야 할 철학적 지점이며, 실재와 허구, 진리와 기호의 관계를 새롭게 탐구하도록 자극하는 사상가로 남는다.

2. 디카시의 하이퍼리얼리티

보드리야르의 시뮬라크르 개념은 보드리야르적 디카시 창작에서 사진기호와 문자기호의 관계를 해석하는 데 중요한 사유의 틀을 제공한다. 디카시는 사진기호와 문자기호가 결합하여 새로운 시적 현실을 구성하는데, 이 현실은 단순히 외부 세계의 재현이나 기록에 머무르지 않는다. 오히려 사진기호와 문자기호가 서로 충돌하고 교직되면서, 현실을 넘어선 또 다른 층위의 의미와 감각을 만들어 내는 시뮬라시옹으로 작동할 수 있다.

사진기호는 외부 세계의 순간을 포착한 듯 보이지만, 사실상 그것은 이미 하나의 선택되고 구성된 이미지이다. 이는 보드리야르가 말한 현실의 복제를 넘어, 관람자에게 또 하나의 현실로 작동하는 시뮬라크르에 해당한다. 여기에 문자기호가 개입하면, 이미지는 단순한 시각적 기록을 넘어 언술적 의미망 속으로 들어가게 된다. 그 순간 사진기호는 더 이상 현실의 흔적이 아니라, 문자기호와의 결합을 통해 새롭게 생성된 시적 현실이 된다.

즉, 보드리야르적 디카시의 시적 현실은 실재의 모사라기보다 사진과 언술이 서로를 반영하고 왜곡하며 만들어내는 하이퍼리얼리티적 스페이스이다. 사진기호가 주는 감각적 충격과 문자기호가 주는 해석적 사유가 겹쳐질 때, 독자는 실제 경험을 넘어선 또 다른 시적 경험을 체험한다.

보드리야르적 디카시의 사진기호와 문자기호는 현실을 재현하는 것이 아니라, 현실을 새롭게 생성하는 장치로 기능한다. 독자는 디카시 속에서 사진이 보여주는 순간과 언어가 말하는 세계 사이의 틈에서, 기존의 세계와는 다른 차원의 시적 현실을 마주한다. 바로 이 지점에서 디카시는 단순한 기록을 넘어선 현대적 시 창작의 가능성을 보여 주며, 보드리야르의 철학과도 깊이 호응한다.

'시뮬라크르'란 원래 실재의 모방 혹은 복제된 이미지를 뜻한다. 하지만 보드리야르는 단순한 모방을 넘어서, 실재가 없는 복제, 즉 허구가 오히려 실재처럼 작동하는 세계를 설명하고자 한다.

다시 말해 장 보드리야르는 '시뮬라크르'를 단순한 복제가 아니라, 현실과의 관계에서 점차적으로 단절되어 자기 자율성을 가지는 이미지로 설명한다. 그는 4단계로 시뮬라크르의 진화를 말한다. 1단계로 현실의 반영(거울)인 이미지가 현실을 반영, 2단계로 왜곡된 반영(가장)인 이미지가 현실을 왜곡, 3단계로 허위의 실재인 현실이 존재하지 않는 데도 있는 것처럼 꾸밈, 4단계로 순환하는 기호(하이퍼리얼)인 현실과 무관하게 이미지 자체가 독립적 실재이다.

보드리야르는 오늘날의 디지털 이미지가 이 4단계에 이르렀다고 본다. 이미지가 현실을 지시하지 않아도 스스로 의미와 효과를 생산한다는 것이다.

보드리야르적 디카시는 사진기호와 문자기호라는 두 개의 서로 다른 시뮬라크르 체계가 결합된 멀티언어예술이다. 이 두 기호는 각각 시뮬라크르적 특성을 갖지만, 상호 참조하면서 제3의 의미 층위를 만들어낸다. 보드리야르적 디카시의 경우에 있어서는 보드리야르의 4단계 시뮬라크르 중 가장 심화된 하이퍼리얼로 드러난다. 보드리야르적 디카시는 사진기호의 자율성과 문자기호의 자율성이 시뮬라크르로 작동하며 각 기호체계는 독립적으로 해석 가능하지만, 함께 놓일 때 새로운 의미장을 창출함으로써 시뮬라크르를 심화한다. 이때의 이 조합은 현실의 반영이 아니라 날시라는 시적 형상의 충동과 감각의 압축된 재현이다. 독자는 현실을 보는 것이 아니라, 시적 현실(현실 이상의 의미)을 감각하게 된다.

벼락 맞은 자리에 등이 생겼다
죽죽 뻗던 가지 대신 자식을 업었다
등짝만 남아있어도 널 지켜줄 거야
식은 땀 흘리는 엄마 나무
하늘은 파란 눈으로 그들을 지켜보고 있었다

— 신정순 디카시 「엄마 나무」

 이 작품은 벼락 맞은 나무의 상처를 사진으로 제시하고, 그 함께 언술함으로써 새로운 시적 현실을 창조한다. 디카시는 본래 사진기호와 문자기호의 융합을 통해 독창적인 시적 공간을 구축하는 장르인데, 이 작품은 그 특성을 보드리야르적 시각에서 선명하게 보여준다.
 사진 속 나무는 자연에 실제로 존재하는 사물이다. 그러나 독자가 마주하는 것은 단순한 나무가 아니라, 시인이 언어로 의미화한 '엄마의 등짝'이다. 벼락의 상흔은 상실과 고통의 흔적이면서 동시에 자식을 업은 모성의 이미지로 치환된다. 현실 속 나무가 사진기호와 문자기호의 교직 속에서 '엄마 나무'라는 전혀 다른 기호로 변환되는 것이다. 이때 나무는 더 이상 실재 그 자체가 아니라, 새로운 상징적 현실을 생성하는 시뮬라크르로 작동한다.

보드리야르의 개념에 따르면, 시뮬라크르는 단순한 실재의 모사가 아니다. 그것은 실재와의 관계를 벗어나 자율적인 기호 질서를 이루며, 독자에게는 오히려 실재보다 더 실제 같은 감각, 즉 하이퍼리얼리티를 제공한다. 이 작품에서 독자는 실제 벼락 맞은 나무를 보는 것이 아니다. 독자는 시인이 창조한 모성의 형상, 그리고 마지막 구절에서 하늘이 보내는 파란 눈빛이라는 초월적 이미지 속에서 감동을 경험한다. 이 경험은 현실 너머에서 구축된 시적 현실, 곧 하이퍼리얼리티적 현실에 속한다.

이 작품은 디카시가 어떻게 현실을 재현하는 것을 넘어, 현실에 없는 세계를 창조하는지를 잘 보여준다. 사진기호와 문자기호의 결합은 단순한 기록이나 묘사가 아니라, 새로운 시적 시뮬라크르를 산출하는 창조적 행위이다. 보드리야르적 관점에서 본다면, 이 작품이 드러내는 핵심은 실재의 부재가 아니라, 실재보다 더 강렬한 시적 현실을 생산하는 기호들의 놀이이다.

이 작품은 자연의 상흔을 출발점으로 하여, 모성과 초월의 세계를 창조하는 시적 시뮬라크르를 탄생시킨다. 이는 디카시가 현대 사회의 기호 질서 속에서 어떤 문학적 가능성을 품고 있는지를 보여주는 사례라 할 수 있다.

물 빠진 바다에 와서야 바닥도
등뼈가 있다는 걸 알았다

저 등으로 져 나른 물길이 어디 한 두 해였을까
들고 나는 모든 목숨 저 등 밟고 왔겠지

— 이기영 디카시 「등뼈」

 이 작품의 사진기호는 물이 빠진 갯벌 위에 남은 물결 자국이다. 이 형상은 파도의 흐름이 만든 자연의 흔적이지만, 그 자체로 특정한 의미를 담고 있지는 않다. 즉, 이 이미지에는 '등뼈'라는 해석이 선험적으로 들어 있지 않으며, 독자는 이를 단지 반복된 지형적 무늬로 볼 수도 있다. 그럼에도 불구하고, 이 사진기호는 시인이 감각한 날시를 시각적으로 표상한 결과물이다. 시인은 자연과 마주한 순간, 그 안에서 어떤 시적 충격을 경험했고, 이를 스마트폰 내장 디카를 통해 사진기호로 외화한 것이다. 이 시점에서 사진기호는 시뮬라크르의 1단계(실재의 유사)에 해당하며, 아직 의미화되지 않은 채 날시의 감각적 표상물로 존재한다.

 "물 빠진 바다에 와서야 바다도/ 등뼈가 있다는 걸 알았다"라는 시적 언술은 내적 충격을 사진기호 속 형상과 연결시키는 언어적 고리이다. 문자기호는 '등뼈'라는 명명을 통해 사진기호를 새롭게 인식하도록 유도하며, 날시에서 유발된 감각을 언어로 해석하고 재구성한다. 사진기호가 보여주는 물결무늬는 이 언술을 통해 더 이상 단순한 자연이 아니라,

존재의 중심을 지탱하는 생명의 구조물로 재인식된다. 이는 시뮬라크르의 2단계 왜곡을 거쳐 3단계(기만)에 해당하며, 실재 없는 의미가 새로운 실재처럼 기능하기 시작하는 지점이다. 바다는 본래 등뼈를 가지지 않지만, 시인의 언어는 그 비유를 실재처럼 작동하게 만든다. "저 등으로 저 나른 물길이 어디 한 두 해였을까/ 들고 나는 모든 목숨 저 등 밟고 왔겠지"라는 시적 언술은 등뼈라는 상징을 우주적 차원으로 확장한다. 자연의 형상은 이제 단순한 형상이 아니라, 시간과 생명의 무게를 짊어진 구조로 해석된다. 사진기호와 문자기호는 이처럼 서로를 지시하고 강화하며 의미를 생성하는 상호텍스트성을 형성한다.

이제 사진기호는 더 이상 실재의 흔적이 아니라, 문자기호의 해석을 통해 완성된 하나의 상징적 이미지, 즉 4단계 시뮬라크르(실재와 무관한 이미지의 자율적 순환)로 작동한다. 독자는 이 이미지를 '등뼈'로 기억하게 되며, 실재의 원천(갯벌의 표면)은 오히려 잊힌다.

이 작품은 날시를 기점으로 사진기호와 문자기호가 각각의 방식으로 감각을 표상하고, 서로 교차적으로 작용하며 새로운 시적 실재를 구성해 내는 예술적 구조를 지닌다.

3. 예술의 자율성과 표현의 확장성

보드리야르는 시뮬라크르가 현실과 단절되는 것을 '위험'으로 경고하지만, 보드리야르적 디카시는 이 단절을 오히려 예술적 자율성과 표현의 확장성으로 전환한다.

보드리야르적 디카시는 현실의 사실성에 집착하지 않는다. 문자기호는 사진기호의 재해석을 유도하면서, 새로운 감각적 사실감을 부여한다. 보드리야르적 디카시는 단순한 시각 정보나 언술을 넘어 독자의 해석 작용에 의해 완성되는 미학적 시뮬라크르의 지평도 열 수 있다.

보드리야르가 말하는 '시뮬라크르의 공허한 반복'이 디카시에서는 감각과 감성, 이미지와 언어가 교차하는 미적 사건으로 전환된다. 보드리야르적 디카시는 하이퍼리얼의 미학적 정당화로써 이미지의 자율성과 언어의 시적 주체성이 교차하는 이중 시뮬라크르의 예술로도 조명이 가능하다.

5부 생성과 관계

―――――――――

생성과 관계는 현대철학에서 존재와 세계를 새롭게 이해하는 핵심 개념이다. 시몽동은 존재를 고정된 실체가 아니라 끊임없이 개체화되는 과정으로 보았고, 세르는 잡음과 기생의 개념을 통해 관계의 매개와 생성적 상호작용을 설명하였다. 가다머는 이해와 해석이 단절된 주체가 아닌 대화적 관계 속에서 생성되는 사건임을 밝혔으며, 지젝은 욕망과 이데올로기가 교차하는 장에서 새로운 주체와 현실의 생성적 관계를 분석하였다. 이 네 사상가의 사유로 디카시 창작에서 주체와 세계의 관계 맺음을 통해 사진기호와 문자기호로 생성된다는 점을 조명한다. 이들을 하나의 섹션으로 파악함으로써 디카시를 생성과 관계의 철학적 지평에서도 모색할 수 있게 된다.

Ⅰ. 디카시와 질베르 시몽동

1. 시몽동의 개체화·공진화

시몽동의 철학은 20세기 기술과 존재론을 새롭게 사유한 독창적 사유로서, 오늘날 디지털 시대를 해석하는 데 깊은 시사점을 준다. 시몽동은 존재를 고정된 실체로 보지 않고, 생성 과정 속에서 이해하려 했다. 즉, 개체는 이미 완성된 결과가 아니라 끊임없이 형성되고 변형되는 '개체화'(individuation)의 과정에 놓여 있다고 보았다. 이때 중요한 것은 개체화의 배후에 있는 '전(前)개체적 장'으로, 이는 가능성과 잠재력이 가득한 에너지의 장이다. 개체는 이 장과의 역동적 관계 속에서 끊임없이 변화하고 새롭게 태어난다.

시몽동은 또한 기술을 단순한 도구가 아니라 존재의 한 방식으로 이해했다. 기술적 사물은 인간과 세계의 관계를 매개하며, 그 자체로 개체화 과정을 담지한다. 따라서 기술은 인간과 분리된 외부적 대상이 아니라, 인간과 더불어 진화하는 존재적 파트너다. 이러한 관점은 기술 문명이 인간을 소외시킨다고 보는 비관적 시각과 달리, 기술 속에서 새로운 인간적 가능성을 발견하게 한다.

이 철학적 통찰은 오늘날 디지털 사회와도 맞닿아 있다. 온라인 네트워크, 인공지능, 가상현실 등은 단일한 실체가 아니라 끊임없이 '개체화'되는 과정으로 이해될 수 있다. 또한 인간과 기계의 관계 역시 주종의 관계가 아니라 상호 개체화의 장으로 사유할 수 있다.

시몽동 철학의 의의는 두 가지로 압축할 수 있다. 첫째, 존재를 관계적으로 재정의함으로써, 생명·기술·사회 현상을 동일한 개체화의 관점에서 읽어낼 수 있게 했다.

둘째, 인간중심주의를 넘어, 사물과 기술의 자율적 존재 양식을 사유하게 만들었다.

이런 시몽동 철학은 디카시 창작과 수용 과정을 존재론적이고 생성적인 관점에서 해석하는 강력한 틀을 제공한다. 즉 디카시는 전개체의 날시에서 공진화하는 인간-테크놀로지-예술의 관점에서 파악할 수 있다.

2. 전개체적 에너지로서의 시적 충동과 개체화 과정

시몽동의 개체화 철학은 디카시 창작 과정을 설명하는 데 탁월한 틀을 제공한다. 세계가 이미 완결된 실체들의 집합이 아니라 끊임없이 생성하는 과정, 즉 개체화의 운동으로 이해되면서 개체는 고정된 실체가 아니라 끊임없이 새로운 관계망 속에서 구성된다.

시몽동적 디카시 창작에서 날시는 사진기호와 문자기호 이전에 시인이 세계와 접속하여 느끼는 감각적 충동의 단초로 아직 형상화되지 않은 시적 가능성의 장이다. 시몽동이 말한 전개체적 장과 날시는 동일한 리듬을 공유한다.

디지털 환경은 이러한 날시가 개체화하는 구체적 조건을 제공한다. 사진기호는 디지털 기기의 렌즈와 감각적 접속을 통해 날시가 형상을 획득하는 과정이다. 이때 사진은 단순한 재현물이 아니라 날시로 유발된 시적 충동의 순간적 긴장을 포착한 개체화의 결과다. 이어 문자기호는 시적 형상의 감각적 울림을 다시 언어적 발화로 번역하는 개체화의 또 다른 층위이다. 사진과 문자는 각각 독립된 기호체계이면서도 날시라는 전개체적 에너지에서 파생된 쌍생적 결과물이다.

　시몽동적 디카시 창작은 날시라는 불균형적 에너지장이 디지털 환경이라는 매개를 통해 사진기호와 문자기호로 개체화되는 생성 사건이다. 이 과정에서 디지털 기기는 단순한 도구를 넘어, 개체화를 매개하고 증폭시키는 존재론적 조건이 된다. 시몽동적 디카시 창작은 단순히 시를 쓰는 일이 아니라, 날시가 디지털 환경 속에서 사진기호와 문자기호라는 이중 언어로 실현되는 과정적 예술, 곧 개체화의 시학이라 할 수 있다.

　시몽동적 디카시도 창작자만의 것이 아니다. 시몽동의 개체철학은 개체화가 일회적으로 종결되지 않으며, 항상 주변과의 관계 속에서 재개체화(re-individuation) 된다고 본다. 독자의 해석 참여는 디카시의 재개체화 과정이다. 독자는 사진기호와 문자기호를 통해 감각의 다층적 의미망을 구성하며, 시몽동적 디카시는 그 안에서 새롭게 개체화된다.

초롱한 눈 위에 눈 쌓인다
눈 위에 눈, 자꾸 내린다
시퍼렇게 겨울을 읽는 저 눈
거짓말은 하얗게 드러났다

— 권선희 디카시 「눈」

　이 작품은 시몽동의 개체화 개념을 잘 드러낸다. 이 디카시의 창작은 하나의 전개체적 긴장에서 개체화되는 과정이다. 눈 덮인 생선의 눈을 바라보는 순간, 시인은 단순한 사물의 외관을 보는 것이 아니라 '눈(eye)'과 '눈(snow)'이라는 언어적 중첩, 그리고 그 사이에서 발생하는 의미의 긴장을 동시에 포착한다. 바로 이 순간이 날시로부터 유발되는 시적 충동이며, 시몽동이 말한 전개체적 잠재성이 시적 계기로 드러나는 장면이다.

　이 날시는 카메라라는 매개를 통해 사진기호로 응고된다. 눈 덮인 생선의 겹겹한 눈망울은 단순한 기록물이 아니라, 전개체적 긴장이 가시적 이미지로 구체화된 첫 번째 개체화이다. 이어 시인은 그 이미지에서 언어적 울림을 뽑아내어 문자기호로 재개체화한다. "초롱한 눈 위에 눈 쌓인다/ 눈 위에 눈, 자꾸 내린다"라는 시적 언술은 사진 속 이미지가 언어적 은유와 리듬을 통해 다시 태어나는 순간이다. 이처럼 디카시의 본질은 사진에서 언술로, 다시 멀티 텍스트성으로 이어지는 개체화의 연속성 속에 있다.

　그러나 디카시의 개체화는 여기서 멈추지 않는다. 디지털 환경 속에서 SNS를 통해 타자에게 전달되고, 다양한 독자의 해석과 반응 속에서 또 다른 의미망을 형성한다. 시몽동적 관점에서 이는 개체가 환경 및 타자와의 관계 속에서 계속해서 변형되는 집합적 개체화의 과정이다. 디카시는 단일 창작자의 산물에 머무르지 않고, 독자 공동체 속에서 새롭게 개체화된다.

　디카시 창작은 날시의 충동에서 시작하여 사진기호와 문자기호를 거쳐, 디지털 환경 속에서 재차 확산되는 하나의 개체화 과정으로 설명할 수 있다. 이는 시몽동이 말한 바, 개체가 결코 고정된 존재가 아니라 언제나 생성 속에 있다는 사유와 맞닿아 있다. 디카시는 사진과 언어, 그리고 디지털 네트워크를 통해 날시가 끊임없이 새롭게 태어나는 장르이며, 시몽동 철학은 이를 이해할 수 있는 중요한 이론적 틀을 제공한다.

이사 온 지 십 년이 지났어도
수다 떨며
커피 한 잔 마실 사람이 없다

– 천융희 디카시 「거리 두기」

　이 작품은 인간과 기계의 공진화가 자칫 인간 소외를 심화시킬 수 있음을 드러낸다. 사진기호에 나타난 풍경은 최신식 아파트의 우편함이다. 질서 정연하게 배열된 금속 상자와 그 틈에서 빠져나온 광고지들은 기술 문명의 상징처럼 보인다. 이곳에서 거주자는 각자의 번호로 분절된 우편함을 통해 세상과 최소한의 접속을 유지하지만, 그 접속은 인간과 인간의 만남이 아니라 기술-정보의 일방적 전달에 국한된다.

문자기호 "이사 온 지 십 년이 지났어도/ 수다 떨며/ 커피 한 잔 마실 사람이 없다"는 바로 이러한 상황에서 비롯된 인간적 고립의 발화다. 시인이 경험한 현실은 첨단 주거기술이 발전할수록 인간적 관계는 사라지고, 이웃은 단순히 옆집의 '번호'로만 존재하게 된다는 점이다.

시몽동은 기술과 인간을 분리된 두 세계가 아니라 서로 공진화하는 존재로 보았다. 인간은 기술을 발명하고, 기술은 다시 인간의 삶과 감각 방식을 형성한다. 이 작품은 바로 이 공진화의 역설적 양상을 드러낸다. 아파트라는 주거기술의 진보는 삶을 편리하게 만들었지만, 그 속에서 인간 개체화는 이웃과의 접속을 상실한 채 단절된 방향으로 전개된다. 즉, 인간과 기술은 함께 진화했으나 그 공진화는 인간과 인간의 접속을 빈약하게 만들고, 고립의 양태를 강화한 것이다.

이 작품은 단순히 외로운 아파트 생활의 풍경을 넘어, 인간과 기술이 어떻게 공진화하면서 인간적 관계를 변형시키는지를 드러낸다. 시인은 그 단절된 접속의 현장에서 날시를 포착했고, 이를 사진기호와 문자기호로 표상해냈다. 기술이 완벽할수록 인간은 더 고립된다는 역설을, 이 작품은 감각적·시적 기호로 증언한다.

3. 기술-인간-예술의 상호적 창발

시몽동은 기술이 단순한 외부 도구가 아니라 인간 존재와 함께 형성되어 가는 실존적 존재양식이라고 본다.

시몽동적 디카시는 바로 이 공진화 개념의 대표적 문화적 현상이다. 기술은 인간 감각을 확장시키고, 인간은 기술을 통해 새로운 표현 형식을 발명한다. 인간과 기술의 상호작용 속에서 예술은 진화하는 것이다.

시몽동적 디카시는 단지 시와 사진의 융합이 아니라 디지털 시대 인간-기술-예술이 상호작용하며 만들어낸 공진화적 결과물로 전개체적 날시가 기술과 언어를 통해 개체화되고, 독자의 참여로 재개체화될 수 있는 시적 존재이다. 시몽동은 디카시를 정태적인 작품이 아닌, 생태적이고 진화적인 예술 양식으로 해석할 수 있는 기반을 제공한다.

Ⅱ. 디카시와 미셸 세르

1. 세르의 생성 철학

　세르의 철학은 20세기 후반과 21세기 초반 철학의 전환기에 놓여 있는 독특한 사유의 지형을 형성한다. 그는 전통적인 형이상학의 체계를 고수하지 않았고, 또한 단순히 해체의 사유에 머무르지도 않았다. 오히려 그는 과학, 문학, 예술, 신화, 종교, 기술이 서로를 가로지르고 얽히는 '잡종의 지식 공간'을 탐구함으로써 철학의 새로운 길을 열었다.

　세르는 철학이 하나의 학문으로 닫힌 성처럼 고립되는 것을 거부했다. 그는 고대의 신화부터 현대의 수학과 물리학, 생명과학, 그리고 미디어 이론에 이르기까지 이질적인 담론들을 가로지르며 새로운 의미의 지도를 그렸다. 이 과정에서 철학은 특정 학문 위에 군림하는 메타담론이 아니라, 서로 다른 지식과 감각, 기호들이 조우하는 교차로로 변모한다. 철학은 더 이상 고정된 진리를 선포하는 자리가 아니라, 끊임없이 번역과 중재가 이루어지는 장이 된다.

　철학사적 맥락에서 보면, 세르는 데카르트 이후 근대 철학이 구축한 이성주의에 균열을 내고, 동시에 후기 구조주의의 무한한 해체와 상대주의를 넘어서는 제3의 길을 모색했다. 그는 들뢰즈가 강조한 생성과 흐름의 사유와 맞닿아 있지만, 그것을 과학적 실재와 역사적 서사에 교차시킴으로써 보다 구체적인 철학적 언어를 제시했다. 또한 푸코처럼 지식과 권력의 구조를 분석했지만, 거기서 멈추지 않고 소통과 화해, 연결의 가능성을 열었다.

세르의 철학사적 의의는 통합과 전위의 철학이라는 말로 요약할 수 있다. 그는 철학이 더 이상 단일한 학문 체계에 갇혀 있지 않고, 인간과 비인간, 자연과 문화, 과학과 예술을 매개하는 다리 역할을 해야 함을 보여주었다. 이는 21세기의 디지털 네트워크 사회와 기후 위기, 그리고 인간과 기술이 공생해야 하는 조건 속에서 더욱 절실한 철학적 과제로 자리한다.

세르의 철학은 철학이 단순히 과거의 진리를 보존하는 학문이 아니라, 새로운 연결을 창조하는 실천적 지혜라는 점을 다시 확인시켜 준다.

그의 기생 개념은 이 철학적 태도를 잘 드러낸다. 소통을 방해하는 잡음(Noise)은 단순한 장애물이 아니다. 그것은 기존 질서를 흔들고, 새로운 질서가 싹틀 수 있는 틈을 연다. 잡음이야말로 창조의 전조이며, 예측 불가능한 미래의 신호다.

세르는 또한 통감각적 인식을 강조한다. 시각이나 청각처럼 개별 감각이 따로 작동하는 것이 아니라, 몸 전체가 세계를 한꺼번에 감지하는 경험을 중시한다. 그는 지식의 형성과 감각의 경험이 별개가 아니라, 서로 얽혀 흐르는 하나의 강줄기라고 보았다.

세르에게 세계는 고정된 사물들의 집합이 아니라 끊임없이 이동하고 변환하는 흐름이며, 관계망 속에서만 의미를 갖는다. 그의 철학은 경계를 해체하고, 잡음을 환대하며, 모든 감각과 지식을 하나의 흐름으로 묶어낸다. 이 흐름 속에서 미래를 미리 감각하고, 새로운 언어를 준비하는 사유의 가능성을 발견하게 된다.

2. 복합성과 생성의 역동, 그 예술적 형식

세르의 철학은 복잡성과 생성, 그리고 경계와 관계를 중시한다. 그는 세계를 단일한 중심이나 고정된 체계로 파악하지 않고, 끊임없이 생성되고 얽히며 변화하는 네트워크로 본다. 이는 전통적 철학이 질서와 본질을 찾으려 했던 태도와 달리, 혼돈과 불확실성을 긍정하는 태도라 할 수 있다.

이 철학적 태도를 세르적 디카시 창작 과정에 비추어보면 의미심장한 통찰을 얻을 수 있다. 세르적 디카시 창작에서 날시는 사진기호와 문자기호 이전의 원초적 시적 충동의 단초로 단일한 길로만 흘러가는 것이 아니라 여러 갈래의 통로를 통해 생성된다. 세르가 강조하듯, 세계는 늘 다성적이고 복합적이기에, 세르적 디카시도 사진과 언어가 서로 간섭하고 교차하는 다층적 의미망 속에서 형성된다. 사진기호의 이미지가 주는 감각적 충격과 문자기호의 언술이 지니는 해석적 층위는 상호 잡음을 일으키며, 바로 그 긴장과 불협화 속에서 새로운 서정이 발생한다. 세르적 디카시는 사진기호와 문자기호라는 이질적 매체가 결합하여 하나의 서정적 장을 이루는 새로운 형식이다. 여기에는 기존 시 문학의 언어 중심주의가 해체되고, 시인이 대상을 감각적으로 지각하는 순간이 사진과 언어라는 서로 다른 체계 속에서 다층적으로 생성된다.

이는 곧 세르가 말하는 잡음과 관계의 얽힘 속에서 새로운 의미가 태어나는 과정과 맞닿아 있다.

세르적 디카시 창작 과정은 본질적으로 생성과 관계의 철학이라는 점에서 서로 공명한다. 세르가 말한 생성의 장처럼 디카시 또한 날시의 충동이 사진기호와 문자기호를 오가며 새로운 의미를 낳는 사건이다. 그 의미는 결코 고정되지 않고, 독자와 상황에 따라 또 다른 관계망을 형성하며 확장된다. 세르적 디카시는 복합성과 생성의 역동을 예술적 형식으로 구현한 현대적인 서정 양식이라 할 수 있다.

한 때 내 기다림도 전깃줄에 엮인 듯
저렇게 앉아 있던 까마귀 떼였다

– 김왕노 디카시 「기다림의 풍경」

이 작품은 어느 날, 시인이 전깃줄 위에 까마귀 떼가 빽빽하게 앉아 있는 풍경을 마주하며 시작된다. 그것은 단순한 새의 군집이 아니었다. 순간적으로 가슴 속에 오래 머물던 기다림이 그 모습에 겹쳐진 것이다. 그것을 '보았다'기보다 '맞닥뜨렸다'고 말하는 편이 옳다. 시적 충동의 단초인 날시는 언제나 이렇게 예고 없이 찾아와 시인을 붙잡는다. 기다림은 추상적 감정이 아니라, 전깃줄 위의 까마귀처럼 무겁고 소란스러운 덩어리로 와닿는다.

그 순간 스마트폰 내장 디카로 찍는다. 이것은 날시를 붙잡아 기호로 옮기는 첫 번째 시도이다. 사진 속에는 까마귀들이 균일하지 않은 간격으로 앉아 있다. 어찌 보면 질서 같지만, 곧잘 흩어지고 겹치는 그 형상은 세르가 말한 잡음, 곧 노이즈에 가깝다. 질서의 틀 안에 있으면서도 질서를 흔드는 힘, 그것이 시인의 기다림의 정체인 듯 사진 속 까마귀는 전깃줄을 떠받치며 동시에 교란시킨다. 그 장면에서 기다림의 본질이 단순한 정적이 아니라, 노이즈처럼 끊임없이 흔들리고 불편한 것임을 드러낸다.

그러나 사진만으로는 충분하지 않다. 그 불안정한 무게를 언어로 옮겨야 한다. 그렇게 해서 태어난 문자기호가 "한때 내 기다림도 전깃줄에 엮인 듯/ 저렇게 앉아 있던 까마귀 떼였다"이다. 사진에서 언어로의 전환은 단순한 번역이 아니다. 서로 다른 감각 체계가 교차하고 중계되면서, 기다림은 또 다른 층위의 의미를 얻게 된다. 까마귀는 더 이상 단순한 이미지가 아니라, 시인의 내면을 비유하는 기호가 된 것이다.

날시는 감각의 충돌로 시작해, 사진과 언어라는 다른 기호들을 경유하며 증폭된다. 까마귀 떼는 기다림을 기생하듯 붙들고, 노이즈처럼 체계를 교란하면서 새로운 시적 질서를 낳았다. 그리고 사진기호에서 문자기호로 이어지는 중계는, 시인의 기다림을 세계와 연결하는 다리 역할을 한다. 결국 기다림은 홀로의 것이 아니라, 까마귀의 울음과 전깃줄의 긴장, 그리고 언어의 리듬 속에서 함께 존재하는 사건이다.

이 작품은 단순한 한 장면의 묘사가 아니다. 그것은 날시에서 출발해 사진과 문자라는 기호의 중계를 거치며, 잡음과 충돌 속에서 새로운 의미를 만들어낸 시적 과정의 기록이다. 기다림은 고요가 아니라, 노이즈다. 그러나 바로 그 노이즈 덕분에 시인은 쓸 수 있고, 다시 기다릴 수 있다.

내가 당신을 그리워하는 것은
당신의 부재가
폭풍처럼 고요하기 때문입니다

– 오민석 디카시 「그새 보고 싶은 당신」

세르는 '감각'을 모든 인식의 기초로 보며, 몸을 통해 세계를 감각적으로 지각하는 순간을 철학적으로 주목한다. 이 작품은 안개 낀 공원길과 가로등 빛, 그리고 앙상한 겨울나무 가지가 어우러진 감각적 풍경을 날로 포착하여 사진기호로 가져왔다. "내가 당신을 그리워하는 것은/ 당신의 부재가/ 폭풍처럼 고요하기 때문입니다."라는 문자기호는 그 감각의 찰나적 순간에서 발현된 내면의 감응의 언술이다. 여기서 '고요한 폭풍'이라는 역설적 표현은 감각의 긴장을 직접적으로 표출한다. 세르가 말한 "소음 속의 감각, 감각 속의 노이즈"처럼, 이 작품은 침묵의 부재 안에서 더 큰 감각적 충만을 경험하게 만든다.

세르에 따르면, 노이즈는 질서의 대립물이 아니라 창조의 원천이다. 무질서와 혼란은 새로운 질서의 생성 조건이다. 이 작품에서 '폭풍처럼 고요한' 부재는 단순한 결핍이 아니라 감정의 노이즈이다. 부재의 고요는 심리적, 감각적으로 너무나 큰 존재감을 남기며, 오히려 그 부재의 소음이 주체를 사로잡는다. 즉, 이 부재는 디카시적 의미의 생성이 일어나는 장소이며, 문자기호는 그 감각의 진동을 언어로 물질화한 것이다.

세르의 생성의 철학은 고정된 존재가 아니라 과정과 사건, 발생하는 것에 주목한다. 디카시는 바로 그러한 '발생의 예술'이다. '그리움'이라는 감정은 정적인 것이 아니라 사진기호 속 안개처럼 점진적으로 밀려오며 감각을 자극하는 생성적 힘이다.

이 작품은 정서적 시간의 흐름 안에서, 감각적 사건의 순간을 포착해 디지털 기계에 새기고, 다시 문자기호로 재언술함으로써 하나의 시적 사건으로 완성된다. 단지 슬픔이나 그리움의 언술이 아니다. 세르의 감각철학으로 보면, 부재라는 노이즈에서 출발해 감각의 지평을 확장하고, 그 고요 속 진동을 사진기호와 문자기호의 멀티언어적 네트워크로 형상화한 생성의 예술이다.

3. 감각, 노이즈, 중계

세르적 디카시는 사진기호와 문자기호를 결합하며, 감각을 기반으로 한 시적 체험을 창조한다. 이는 '살아 있는 몸'이 세계와 접속하여 새로운 감각-지식 네트워크를 구성하는 것과 같다.

세르적 디카시는 감각의 시이며, 감각의 미디어로 몸이 세계를 접속해 만든 산물이다. 창작에서도 시적 충동을 유발하는 날시를 찍은 사진은 예기치 않은 우연성의 흔적, 즉 노이즈적 요소를 지닌다. 이러한 사진기호는 문자기호와 의미를 예측 불가능하게 교란하거나 열어젖힌다.

그것은 익숙한 세계 질서에 균열을 내며, 새로운 언어의 질서를 구현한다. 세르적 디카시는 이미지와 언어, 감각과 인식 사이의 사건으로 존재한다. 디지털이라는 비물질적 흐름 속에서 생성되며, 감각-이미지-언어의 다중접속적 예술 사건이다.

세르적 디카시는 생성의 예술이다. 그것은 항상 생성 중인 과정이다. 세르는 중계자를 단순한 전달자가 아닌, 이질적인 것들 사이를 감각적으로 연결하며 새로운 의미를 창조하는 존재로 본다.

세르적 디카시 창작자는 자연과 사물, 감정과 언어, 이미지와 텍스트 사이를 이어주는 중계자이다. 독자 또한 수동적 수용자가 아니라 감각적으로 참여하고 재창조하는 프로슈머형 중계자가 된다. 세르적 디카시는 중계의 예술로 감각의 연쇄를 통해 의미의 공동생산을 추동한다.

더 이상 시인은 고독한 창조자가 아니고, 독자는 고정된 해석자가 아니다. 이들은 디지털 플랫폼의 감각의 미디어 공간에서 함께 의미를 생성하는 공-중계자로 재구성된다.

Ⅲ. 디카시와 한스 게오르그 가다머

1. 가다머의 해석학

한스 게오르그 가다머의 철학은 인간이 세계를 이해하는 방식을 근본적으로 다시 묻는 데서 출발한다. 그는 이해를 단순한 정보 해석이나 객관적 사실 확인의 절차로 보지 않았다. 이해란 하나의 존재론적 사건, 곧 우리가 세계와 관계 맺고 자신을 형성하는 살아 있는 과정이라는 것이다. 이로써 가다머는 해석학을 특정 학문 분야의 기술이 아니라, 인간이 세계를 경험하고 의미를 만들어가는 보편적 형식으로 확장시켰다.

가다머의 사유에서 중요한 축은 역사성과 전통이다. 인간은 진공 상태에서 사유하지 않는다. 인간의 언어, 사고, 가치관은 이미 과거로부터 물려받은 전통 속에서 형성된다. 전통은 과거에 박제된 유물이 아니라, 현재와의 끊임없는 대화를 통해 새롭게 해석되고 갱신된다. 가다머는 이를 '수평선의 융합'이라 불렀다. 과거의 수평선과 현재의 수평선이 맞닿아 새로운 시야를 여는 순간, 이해는 살아 있는 사건으로 일어난다.

이 과정의 중심에는 언어가 있다. 가다머에게 언어는 단순한 도구나 매개가 아니라, 세계가 드러나고 진리가 발생하는 공간이다. 언어 밖에서 사고하거나 이해할 수 없다. 언어 안에서만 전통은 현재와 만날 수 있고, 이해는 구체적 현실로 현현한다.

가다머의 철학은 이해를 존재론적 사건으로 재정립한 점, 역사성과 전통을 이해의 필수 조건으로 회복한 점, 언어를 진리와 세계 경험의 장으로 재위치시킨 점, 이 세 가지를 관통한다. 이로써 그는 해석학을 단순한 학문 방법론의 차원을 넘어, 인간 존재의 근본 구조를 밝히는 철학으로 끌어올렸다.

디카시는 사진기호와 문자기호라는 이질적인 두 기호체계를 통해 감각적 현실과 언어적 성찰을 동시에 호출하는 디지털 시대의 새로운 서정 양식이다. 이러한 디카시는 독자의 능동적 해석을 전제로 하며, 이는 곧 이해가 존재론적으로 구성되는 과정이라는 가다머의 철학적 해석학과 깊은 연관을 가진다. 가다머의 해석학으로 보면 디카시는 더 이상 '해석되는 시'가 아니라, 해석을 요구하고 생산하게 하는 시적 사건이다.

2. 공동 창작적 예술 형식

1) 지평의 융합

가다머는 이해란 독자와 텍스트의 지평이 융합되는 과정이라고 말한다. 이때 이해는 단순한 '재현'이 아니라, 서로 다른 지평이 충돌하면서 생성되는 새로운 의미의 사건이다.

가다머적 디카시는 사진기호의 시각적 세계와 문자기호의 언어적 사유라는 서로 다른 지평이 한 공간에서 공존하면서, 독자와 다시 만나는 구조이다. 독자는 이 이질적 기호들의 관계를 자신의 경험과 선이해에 따라 해석적으로 재구성하면서, '융합된 의미'를 구성한다.

2) 언어의 매개성과 역사성

가다머에 따르면 모든 이해는 언어적이다. 하지만 이 언어는 고정된 의미를 전달하는 도구가 아니라, 역사적이고 문화적으로 매개된 의미 형성의 장이다.

가다머적 디카시의 문자기호는 단순한 설명이 아니라, 사진기호와의 상호작용 속에서 언어의 역사성과 사건성을 담고 있다. 가다머적 디카시의 언어는 사진과의 관계에서 해석적 긴장을 만들며, 이 긴장을 독자는 자신의 문화적 지평 안에서 풀어나간다.

3) 이해의 사건성과 이해의 주체

가다머는 이해란 해석자가 능동적으로 참여하는 사건이며, 해석자는 단순한 해독자가 아니라 '능자', 곧 이해의 주체라 본다.

가다머적 디카시는 독자가 사진과 문자기호 사이의 간극을 스스로 해석하고 의미를 구성해야 하는 서정 구조를 지닌다. 독자는 이 기호 간의 간극에서 시적 경험을 재구성하고, 그것이 바로 해석의 사건이 된다. 따라서 디카시는 '열린 구조'이다

문자시와 달리 디카시는 사진기호와 문자기호가 열린 상호 텍스트성을 가진다. 사진기호는 다양한 시각 정보, 문자기호는 압축된 언어 정보로 존재하며, 이 둘은 고정된 해석을 제공하지 않는다. 이 불확정성과 개방성은 가다머의 해석학이 지향하는 해석의 무한 가능성과 열린 텍스트성을 구현한다.

가다머적 디카시의 창작은 세계에 대한 감각적 몸의 지각 대상인 '날시'에서 출발한다. 이는 가다머의 철학에서 '선이해'와 '전통'이 이해의 출발점이라는 주장과 닮아 있다. 가다머적 디카시는 창작자와 독자 모두가 선이해를 바탕으로 해석과 창조의 순환을 이루는 구조를 가지며, 이것이 바로 해석학적 예술로서의 정체성이다.

　가다머적 디카시는 개방된 구조로써 독자와의 해석적 만남을 통해 작품이 되어가는 예술이다. 독자는 사진과 문자기호 사이의 간극에서 자신의 선이해, 경험, 감각, 역사성 등을 바탕으로 새로운 해석을 생성하는 해석자를 넘어 공동 창작자가 된다. 이처럼 가다머적 디카시는 단일한 의미가 아닌 의미의 생성 그 자체를 목적으로 하는 해석학적 예술로 기능한다.

세월은 저기서만 놀고 있네
사내들과 다방레지에 붙들려서
포카를 치며 쌍화차를 마시며
빚쟁이가 오면 도망치라고 뒷문은 조금 열어두었네
　그런데 세월 씨! 젊어보이려고 초록 모자 쓴 거 안 어울려!

– 손음 디카시 「산바루 다방」

　이 작품은 낡은 건물 외벽을 가득 메운 담쟁이덩굴 사진과 함께, 짧은 언술로 구성된다. 사진 속 풍경은 단순한 기록 이상의 의미를 지닌다.

그것은 세월의 흔적을 고스란히 드러내는 이미지이자, 과거의 기억을 불러내는 기호이다. 여기에 덧붙여진 시적 언어는 "세월은 저기서만 놀고 있네", "사내들과 다방레지에 붙들려서 포카를 치며 쌍화차를 마시며"와 같은 구절을 통해, 한 시대의 문화와 정서를 재현한다. 사진과 언어는 각각 독립적인 기호 체계이지만, 독자는 이 두 기호가 서로를 비추며 만들어 내는 새로운 장 속에서 작품을 이해하게 된다.

가다머의 해석학 개념을 통해 이 과정을 바라보면, 무엇보다 먼저 지평의 융합이라는 사유가 드러난다. 다방은 오늘의 독자에게는 낯설거나 사라져가는 공간이지만, 시적 언어 속에서는 과거의 시간과 삶의 정서가 생생히 살아난다. 사진이 보여주는 현재적 풍경과 언어가 불러내는 과거적 정조가 서로 만날 때, 독자는 자기 경험의 지평과 작품 속 역사적 지평을 결합하여 새로운 이해의 장을 연다.

이때 언어는 단순한 설명 수단이 아니라, 이해를 가능케 하는 매개로 작동한다. '세월 씨'의 의인화와 함께 '쌍화차'와 '포카', '레지' 같은 어휘는 특정한 시대적 맥락을 불러내면서, 단순한 이미지를 시간과 정서의 깊이 속으로 이끈다. 가다머가 말하듯, 언어는 이해가 일어나는 장소이다. 인간은 이 언어를 통해서만 세계와의 대화에 참여할 수 있다. 이 작품에서 사진은 침묵하지만, 언어는 그 침묵을 해석적 세계로 이끄는 문이 된다.

여기에 더해 작품은 뚜렷한 역사성을 담지한다. 다방은 산업화 시기 한국 사회에서 흔히 볼 수 있었던 공간으로, 특정 세대의 기억과 경험을 집약한다. "빚쟁이가 오면 도망치라며 뒷문을 조금 열어두"던 삶의 풍경은 특정한 시대적 곤궁과 풍속을 증언한다. 그러나 그 역사는 단지 과거의 유물이 아니라, 현재의 독자에게도 이해의 계기가 된다. 각자의 세대적 위치에 따라 독자는 다방을 향수로 읽거나, 혹은 낯선 역사적 풍경으로 접한다. 이해는 이렇게 역사적 조건 속에서 이루어지며, 작품은 세대 간 대화를 매개한다.

이해는 또한 매번 새롭게 발생하는 사건이다. 디카시를 읽는 순간 독자는 단순히 과거를 회상하는 것이 아니라, 자기 삶의 기억과 정서를 덧입히며 새로운 의미를 형성한다. 어떤 이는 세월을 가리키는 담쟁이덩굴에 자신의 노년을 겹쳐볼 것이고, 다른 이는 "젊어 보이려고 초록 모자를 쓴 세월"이라는 유머러스한 표현에서 시간의 아이러니를 감각할 것이다. 이처럼 이해는 고정된 해석의 재현이 아니라, 독자 안에서 발생하는 사건이다.

작품이 열어놓는 이해의 과정은 독자를 이해의 주체로 형성한다. 독자는 고립된 개인적 주체가 아니라, 언어와 역사 속에서 자신을 열어놓으며 작품과 대화하는 존재다. 이 작품은 사진과 언어의 결합을 통해, 독자가 자신의 지평을 확장하고 과거와 현재를 매개하는 장에 참여하도록 만든다. 이때 독자는 단순히 수용하는 자가 아니라, 이해의 주체로서 자신을 새롭게 발견한다.

요컨대, 이 작품은 가다머의 철학적 해석학이 말하는 바를 탁월하게 구현한다. 사진과 언어가 결합하여 역사적 지평을 열고, 언어의 매개성을 통해 과거와 현재를 잇는다. 이해는 독자 안에서 사건처럼 발생하며, 독자는 이 과정을 통해 이해의 주체로 거듭난다. 따라서 이 작품은 디카시가 단순한 시와 사진의 결합을 넘어, 철학적 의미에서 지평의 융합을 가능케 하는 예술적 형식임을 잘 보여준다.

새벽이 오기 전 떠나야만 하는 길

동료들 깰까 봐

뒤꿈치 들고 나가 이슬이 된 당신

– 박우담 디카시 「참수」

    이 작품은 가다머에 따르면 언제나 독자의 선이해 속에서 다양한 해석이 이루어지는 공간이다. 독자는 '참수된 나무'라는 이미지와 '이슬이 된 당신'이라는 시구를 읽으며, 특정 역사적 사건, 개인적 상실, 사회적 희생에 대한 기억이나 감정을 불러온다. 이를 통해 이 작품은 단순한 자연 이미지가 아닌 죽음, 저항, 희생, 은밀한 탈주 등 복합적인 주제로 확장된다. '이슬이 된 당신'이라는 시구는 1980년대 민주화 운동 속 희생자나, 국가 폭력의 은유로 읽힐 수 있다. 이는 독자의 시대적 기억이 개입되며 작동한 선이해의 결과이다.

    또한, 해석은 작가의 세계(과거 지평)와 독자의 세계(현재 지평)가 만나 새로운 의미의 지평이 열리는 것이라는 관점에서도 해석의 지평은 확장된다. 작가는 사진 속 '참수된 나무'를 단지 자연 파괴의 상징으로 제시했을 수 있지만, 독자는 이를 사회적 불의, 인간 생명의 꺾임, 혹은 존재론적 고통으로 해석할 수 있다. 문자기호는 '이슬'과 '새벽'이라는 자연 이미지로 죽음을 덧입히면서, 인간의 생명성이나 시간의 흐름에 대한 철학적 성찰로 이어진다. 이렇게 이 작품은 더 이상 개인의 사적 감정 표현이 아니라, 독자의 기억과 해석이 겹쳐지는 다층적 공공적 텍스트로 확장된다.

가다머는 해석을 작품과 독자 사이의 끊임없는 대화로 보았다. "왜 새벽 전에 떠나야 했을까?", "무엇을 피해 도망친 것인가?", "이슬이 된다는 것은 어떤 존재론적 변화인가?" 이런 독자의 질문은 이미지와 문자기호가 제시하는 응답과 충돌하며, 다양한 해석적 의미의 가능성을 낳는다. '이슬이 된 당신'은 죽음이자 해탈일 수 있고, 희생자의 초월 혹은 망각된 존재에 대한 비판으로도 읽힐 수도 있다. 디카시는 이미지와 언술이 제공되지만, 그 의미는 독자의 해석 참여로 완성된다. 가다머 해석학의 핵심은 수동적 수용이 아니라, 독자의 능동적 해석 행위이다. 독자는 단순한 감상자가 아니라, '의미 생산의 공동 창작자'이다.

이 작품도 고정된 하나의 의미로 환원될 수 없는 열린 텍스트이며, 가다머의 해석학은 이 디카시의 다층적, 대화적, 능동적 특성과 완벽히 호응한다. 사진기호와 문자기호의 복합적 구성은 해석적 참여를 유도하며, 독자의 선이해와 지평 융합을 통해 끊임없이 새로운 의미로 재개체화된다. 가다머의 해석학으로 보는 디카시는 해석을 통해 생명력을 획득하는 공동 창작적 예술 형식임으로도 볼 수 있다.

3. 능동적 주체로서의 독자

가다머의 해석학이 강조한 '언어의 대화성', '지평의 융합', '이해의 사건성'은 모두 가다머적 디카시라는 장르 안에서 구체적으로 실현된다. 특히 가다머적 디카시는 문자시와 달리 멀티언어적 구조와 사진기호의 비언어성을 포함함으로써 해석학의 철학을 더욱 실제적이고 감각적으로 확장한다.

 가다머적 디카시는 단순히 새로운 시 형식이 아니다. 그것은 현대 해석학의 철학을 몸으로 구현하는 예술 행위이며, 독자를 해석의 능동적 주체로 끌어들이는 해석의 공간 그 자체다.

Ⅳ. 디카시와 슬라보예 지젝

1. 지젝의 철학적 도전

지젝의 철학은 현실의 표면을 걷어내고, 그 이면에 숨겨진 욕망과 균열을 드러내는 데서 빛을 발한다. 지젝은 마르크스주의 전통을 현대적으로 재구성하여, 이데올로기를 단순한 '허위의식'이 아니라 현실을 구성하는 보이지 않는 틀로 파악했다. 사람들은 이 틀을 사실로 믿고 살아가지만, 지젝은 그 구조 속에 무의식적 욕망이 어떻게 스며 있는지를 해부했다. 이를 통해 그는 정치, 문화, 일상 속에서 권력과 욕망이 얽혀 작동하는 방식을 비판적으로 조명했다.

지젝 철학의 또 다른 기둥은 라캉 정신분석의 철학적 확장이다. 그는 라캉의 실재계, 상상계, 상징계 개념을 정치와 사회 분석에 적용했다. 특히 실재계는 기호화할 수 없는 결핍이자, 현실의 균열을 드러내는 자리다. 지젝에게 이 균열은 단순한 결함이 아니라, 기존 질서가 감추는 진실이 얼굴을 내미는 틈이었다. 그는 이 틈을 읽어내는 것을 철학의 중요한 임무로 삼았다.

지젝은 대중문화와 철학을 자연스럽게 연결한 점에서도 독창적이다. 영화 속 장면, 광고 문구, 팝송 가사 같은 일상적 기호를 분석의 재료로 삼아, 사람들이 무심히 소비하는 이미지 안에 숨겨진 권력 구조와 욕망의 패턴을 드러냈다. 이를 통해 철학은 더 이상 고립된 학문이 아니라, 생활의 구석구석에서 작동하는 비판적 도구가 된다.

그의 시선은 궁극적으로 정치적이다. 그는 자본주의의 위기를 단순히 제도 개혁으로 해결할 수 없다고 본다. 대신, 기존 체제에서조차 상상하기 어려운 급진적 전환의 가능성을 모색한다. 지젝에게 철학이란, 불가능해 보이는 것을 가능하게 만드는 상상력의 실험장이자, 새로운 사회적 구조를 꿈꾸는 장치다.

지젝은 현실을 해석하는 데 그치지 않는다. 그는 우리가 당연하다고 여긴 세계의 구조를 뒤집어 보고, 그 틈새에서 다른 가능성을 발견하도록 이끈다. 그것은 균열 속에서 진실을 보고, 불가능 속에서 미래를 구상하게 만드는 철학적 도전이다.

지젝은 현실은 실재가 아니라, 이데올로기적으로 구조화된 허구라고 말한다. 즉, 우리가 '현실'이라 믿는 일상은 실제로는 상징질서와 언어, 관습, 미디어 등이 구축한 허상이다. 그런데 이 현실은 늘 완전하지 않고 틈이 생기며, 그 틈에서 감추어진 진실(실재)과 마주하게 된다.

2. 이데올로기적 구조화와 균열의 틈새

시인은 우리가 '현실'이라고 믿는 이데올로기적 구조화에 의한 자본주의적, 사회문화적, 언어적 질서로 구성된 허구적 세계의 상징계에서 필연적으로 드러나는 균열의 틈새에서 시적 충동을 느낀다.

지젝적 디카시 창작에서 날시는 바로 이 지점에서 발생한다. 그것은 현실의 틈에서 튀어나온 실재의 파편에 의해 창작자의 감각과 정동이 불시에 폭발하는 순간이다. 날시는 단순한 자연 감상이나 이미지의 선택이 아니라, 이데올로기의 틀로 가려졌던 세계의 진실에 마주쳤을때 일어나는 실재의 흔적이다. 그것을 보면 시인은 시적 충동을 느낀다.

지젝적 디카시의 날시는 실재의 잉여이며, 주체가 현실의 위장을 찢고 진실에 닿는 유일한 시적 사건으로서의 시적 형상이다.

지젝적 디카시의 날시는 스마트폰 내장 디카로 감각적으로 포착됨으로써 디카시의 첫 번째 기호체계인 사진기호가 생성된다. 지젝 철학에서 이미지는 종종 이데올로기적 시선을 증폭시키거나 차단하는 매개이지만, 지젝적 디카시에서는 그것이 실재의 진동을 포착하는 도구로 기능한다. 사진기호는 완결된 의미체계로 기능하지 않는다. 오히려 실재의 파편을 가시화하고, 그 기표의 공백이나 비의미성을 통해 무의식적 층위의 진실을 전달한다. 사진기호는 상징계를 교란시키는 실재의 흔적이며, 주체가 감당할 수 없는 진실을 시각적으로 들이민다.

또한 지젝적 디카시 창작자는 날시가 유발하는 시적 충동의 정동을 언어로 순간 언술한다. 이 언술은 완결된 의미체계로 회귀하는 것이 아니라, 실재와의 충돌에서 생긴 균열을 은유와 상징, 압축의 언어로 표현하려는 시도이다.

문자기호는 날시의 원천을 복제하거나 설명하려는 것이 아니라, 그 감각적 파열의 흔적을 언어적 충격으로 번역하는 행위이다. 여기에서 의미는 지연되고 유예되며 때로는 파괴된다. 지젝은 의미란 결코 실재를 담지 못하고, 오히려 그 결핍을 드러내는 방식으로 작동한다고 말한다. 지젝적 디카시의 문자기호는 실재의 불가능성을 언어로 재현하려는 무모한 시도이며, 그것이 곧 시적이다.

나무 그늘 아래 낮은 개울가
저만치 소녀가 앉았던 징검다리
소년의 눈을 열면 모두 다 보이는데

– 김종회 디카시「징검다리」

이 작품의 소년과 소녀는 단순한 현실의 인물이 아니라, 한국 문학사의 기억 속에서 각인된 황순원의「소나기」라는 텍스트를 콘텍스트로 거느린다. 즉, 징검다리에 앉아 있는 소녀와 그 장면을 응시하는 소년은, 소설 속의 순수한 사랑의 이미지와 겹쳐지며 독자의 무의식적 기억을 자극한다. 이때 소설 속의 '순수한 사랑'은 지젝적 관점에서 실재계의 틈으로 작동하고 그 순간을 날시로 포착한 것이다. 왜냐하면 그것은 상징계의 질서로는 완전히 포섭되지 않는, 언어와 사회적 코드로 설명될 수 없는 감정의 과잉이기 때문이다.

그러나 동시에 그 사랑 역시 자연스럽고 순수한 것처럼 보이는 허구에 불과하다. 지젝이 말하듯, 우리가 '자연' 혹은 '순수'라고 경험하는 순간조차 이미 이데올로기적 구조화의 산물이다. 징검다리와 개울, 소년·소녀의 이미지가 한국적 전원, 어린 시절의 순수한 사랑으로 호출되는 순간, 그것은 상징계의 틀 속에 재구성된 허구적 자연일 뿐이다.

그럼에도 불구하고, 바로 그 허구의 틈에서 실재계의 파편이 스며나온다. 소년의 눈은 징검다리 위의 소녀를 보면서, 상징계가 포착할 수 없는 어떤 것을 환유한다. 그것은 결코 직접 표현될 수 없고, 사진기호와 문자기호가 담아내려 하지만 끝내 붙잡을 수 없는 실재의 과잉이다. 사진기호는 단지 징검다리와 개울의 모습을 기록하지만, 그 이미지 뒤에 숨어 있는 실재의 충동을 담지는 못한다. 문자기호 역시 "소년의 눈을 열면 모두 다 보이는데"라고 말하면서 실재의 충만을 암시하지만, 실제로는 결핍의 흔적을 드러낼 뿐이다.

  이 작품은 소설 속의 순수 사랑이라는 문화적 기표를 호출하면서도, 그것이 단순히 향수나 감상적 재현에 머물지 않고, 이데올로기적 허구를 흔드는 균열의 자리로 작동하게 한다. 순수 사랑의 서사가 현실적 의미망으로 봉합되지 않는다는 점에서, 그것은 지젝적 의미에서 실재계의 틈을 열고, 소년의 눈은 그 틈을 환유하는 것이다.

끝내 펼쳐보지 못한 영혼들이여
입을 그려주지 못한 얼굴들이여
한 번만 앉았다 가시게.

— 김 룡 디카시 「의자」

  이 작품에는 책들이 꽉 찬 책장 사이에 나무로 만든 작은 의자가 놓여 있다. 이 의자는 비어 있으며 누군가를 기다리는 듯하다. 이데올로기로 포장된 이면을 엿보이는 현실공간에서 시적 충동을 느끼며 날시를 포착하는 데서 디카시 창작은 시작된다. 책들은 읽히지 않은 채 정렬돼 있고, 책장이라는 권위 속에 갇혀 있다. 이를 "끝내 펼쳐보지 못한 영혼들이여/ 입을 그려주지 못한 얼굴들이여/ 한 번만 앉았다 가시게."라고 언술한다. 지젝에 따르면 이데올로기는 우리가 진실을 보지 못하도록 막는 안경이 아니라, 오히려 우리가 '진실을 보고 있다'고 믿게 만드는 장치이다. 사진기호의 책장에 꽂힌 책들은 실제로는 읽히지 않은 지식, 전시된 교양, 죽은 기호의 껍데기에 불과하다. 이러한 책은 더 이상 사유의 도구가 아니라, 지적 허영을 과시하는 소비재이자 위장된 자기 정체성의 기표다. 이 책장은 곧 지적 이데올로기의 박제장이며, 책은 '사유하는 나'라는 환상의 장식물이다. 이는 지젝이 말하는 "시니컬한 이데올로기"에 정확히 부합한다.

지젝에게 실재란 상징계와 상상계를 통해 완전히 포섭되지 못하는 불편한, 그러나 진실한 찰나다. 의자는 누군가를 초대하지만, "한 번만 앉았다 가시게."라고 말한다. 이는 죽은 지식이 아닌 살아 있는 사유, 읽히지 않은 책이 아니라 지금 여기서 앉아 사유하는 실존의 요청이다. 이때의 '의자'는 실재계의 매개자로, 죽은 기호(책)를 뚫고 살아 있는 사유의 가능성을 일으키는 잔존하는 날것의 기호다. "입을 그려주지 못한 얼굴들"은 상징계의 공백으로 상징계의 불완전성을 보여준다. 책이 말하지 못한 진실, 입이 없는 얼굴들은 언어로 포착되지 못한 실존, 기호로 환원되지 않는 생의 진실이다.

지젝의 관점에서 보면, 이 구절은 기표로 환원되지 않는 실재의 흔적이며, 사진기호와 문자기호 사이에서 텅 빈 공백으로 작동한다. 이 작품은 읽지 않은 책으로 가득한 현대인의 정신이데올로기 공간에서, 비어 있는 한 자리를 통해 실재가 언뜻 얼굴을 드러내는 순간을 날시로 포착한 작품이다.

3. 실재에 직면하는 이데올로기 비판

지젝적 디카시도 단순한 이미지와 언어의 결합이 아니다. 그것은 현실의 위장된 상징계를 파열하고 실재의 틈을 포착해서 드러내는 시적 형식이다. 날시는 실재의 출현이며, 사진기호는 그 흔적이고, 문자기호는 그 부재를 언어로 재현하려는 수행적 언어 행위다. 지젝적 디카시는 주체가 현실의 균열에 감응해 실재에 직면하는 창조적 실천이자, 이데올로기 비판을 동반하는 새로운 서정양식이라 할 수 있다.

참고문헌

버트런트 러셀, 서상복 역, 『러셀 서양철학사』, 을유문화사, 2019.

플라톤, 천병희 역, 『국가』, 숲, 2013.

아리스토텔레스, 천병희 역, 『시학』, 문예출판사, 2002.

박주영, 『중세와 토마스 아퀴나스』, 살림, 2004.

르네 데카르트, 김선영 역, 『정념론』, 문예출판사, 2013.

백종현, 『한국 칸트사전』, 아카넷, 2019.

박찬국, 『하이데거의 『존재와 시간』 강독』, 그린비, 2014.

박이문, 『존재와 표현(메를로 퐁티의 애매성 철학에 대한 비판적 해석)』,
   생각의 나무, 2010.

변광배, 『장 폴 사르트르 시선과 타자』, 살림출판사, 2004.

백종현, 『칸트와 헤겔의 철학』, 아카넷, 2010.

김서영, 『프로이트의 꿈의 해석, 무의식에 비친 나를 찾아서』, 사계절, 2014.

김방한, 『소쉬르 현대 언어학의 원류』, 민음사, 2010.

양해림, 『자크 라캉이 들려주는 욕망 이야기』, 자음과 모음, 2008

벵상 주브, 하태환 역, 『롤랑 바르트』, 민음사, 1994.

정형철, 『들뢰즈와 가타리』, 세종출판사, 2004.

서정욱, 『푸코가 들려주는 권력 이야기』, 자음과모음, 2008.

김형호, 『데리다의 해체철학』, 민음사, 1993.

노베르트 볼츠·빌렘 반 라이엔, 김득룡 역, 『발터 벤야민』, 2000.

최효찬, 『장 보드리야르』, 커뮤니케이션북스, 2016.

황수영, 『질베르 시몽동』, 커뮤니케이션북스, 2018.

미셸 세르, 박동찬 역, 『해명』, 솔, 1994.

한스 게오르크 가다머, 박남희 역, 『과학 시대의 이성』, 책세상, 2009.

토니 마이어스, 박정수 역, 『누가 슬라보예 지젝을 미워하는가』, 앨피, 2005.

이상옥, 『디카詩를 말한다』, 詩와에세이, 2007.

──, 『앙코르 디카詩』, 국학자료원, 2010.

──, 『디카시창작입문』, bookin(북인), 2017.

창연기획디카시론신서 001
디카시와 철학

2025년 10월 25일 발행

지은이 | 이상옥
편 집 | 이소정 임혜신
펴낸이 | 임창연
펴낸곳 | 창연출판사
주 소 | 경남 창원시 의창구 읍성로 36
출판등록 | 2013년 11월 26일 제2013-000029호
전 화 | (055) 296-2030
팩 스 | (055) 246-2030
E-mail | 7calltaxi@hanmail.net

값 20,000원
ISBN 979-11-94987-04-8   03800

ⓒ 이상옥 2025

* 이 책의 판권은 저자와 창연출판사에 있습니다.
* 양측의 서면 동의 없이 무단 전재나 복제를 금합니다.